Elizabeta & Georg Karlstetter
Venedig – dem Himmel so nah!

Elizabeta & Georg Karlstetter

Venedig – dem Himmel so nah!

Beseelte Gedankenspaziergänge durch die Serenissima

Inhalt

Vorwort:	**Wie es zu diesem Buch kam**	6
Am Canal Grande:	**Was für eine Stadt!**	12
Gedankenspaziergang:	**Venedigs Schönheit**	20
Gedankenspaziergang:	**Schlendern & Entdecken**	26
Gedankenspaziergang:	**Sehnsuchtsort**	34
Gedankenspaziergang:	**Veränderung & Wandel**	42
Gedankenspaziergang:	**Zeit & Vergänglichkeit**	50
Gedankenspaziergang:	**Loslassen & Abschied**	58
Gedankenspaziergang:	**Türen & Sterben**	66
Gedankenspaziergang:	**Der Himmel**	72
Gedankenspaziergang:	**Die Gnade**	78
Gedankenspaziergang:	**Die Ewigkeit**	84
Gedankenspaziergang:	**Wünsche & Träume**	90
Gedankenspaziergang:	**Katzen & Bücher**	96
Gedankenspaziergang:	**Zerbruch & Scheitern**	106
Gedankenspaziergang:	**Die Stille**	112
Gedankenspaziergang:	**Flügel & Brücken**	120
Gedankenspaziergang:	**Padres & Lebenspläne**	132
Zurück am Canal Grande:	**Liebe & Geborgenheit**	138
Zurück am Canal Grande:	**Innere Heimat**	144
Epilog:	**Wenn Himmel und Erde sich die Hand geben**	152

Als ich etwa fünfzehn Jahre alt war, nahmen mich meine Eltern mit auf eine Reise nach Venedig. Ich war nicht beeindruckt. Gar nicht. Venedig ist bekanntermaßen nichts für Kinder, und es ist vermutlich auch nichts für Teenager. Wenn du mitten in der Pubertät steckst, interessieren dich ganz andere Dinge als eine Seufzerbrücke oder ein paar alte Paläste. Zum Beispiel Mädchen, Diskotheken, Live-Bands – und wie man die Pickel im Gesicht wieder wegbringt. Fotos aus jener Zeit zeigen mich trübsinnig und gelangweilt und wohl noch viel mehr seufzend als jene berühmt-berüchtigte Brücke!

Jahre später, 1994, war ich als Erwachsener wieder dort. Was soll ich sagen? Dass ich fasziniert war? Uh, dieses Wort trifft meine wahren Gedanken und Gefühle nicht annähernd. Es war ja viel mehr als das. Ich war eigentlich eher erschüttert. Venedig traf mich im tiefsten Innern, bis in die Knochen und bis in die weichsten Teile meiner Seele. Als Vierzigjähriger sah ich all das, was mich 25 Jahre zuvor so angeödet hatte, mit komplett anderen Augen. Venedig wurde zum Synonym und zur Allegorie, zum Sinnbild fürs Leben schlechthin, und für vieles, was mir täglich durch den Kopf ging, fand ich dort an jeder Ecke – physisch vor mir stehend – das den inneren Bildern entsprechende reale Bild. Die sichtbare Konkretisierung war an diesem Ort also vielfach bereits da, bevor der Gedanke überhaupt gedacht war, und das überraschte mich total.

Venedig wurde mir in vielem zum Abbild meiner eigenen Existenz und zu einem greifbaren Gegenüber meiner Sehnsüchte. Diese Stadt auf zig Millionen von Holzpfählen kann zwar niemals die letzte Erfüllung all dieser Sehnsüchte sein, aber sie illustriert immerhin auf spektakuläre Weise meinen Weg hin zu diesem Ziel; sie begleitet meine Schritte, sie feuert mich an, sie macht mir Mut. Ein paar ihrer wichtigsten Bürger – etwa Canaletto, Tintoretto, Bellini, Kapsberger, Vivaldi, Grigoletti – wussten schon lange vor mir, dass das Sehnen unseres Herzens eine Entsprechung finden muss (und darf!) und niemals vergebens ist. Man sehe sich nur ihre Kirchenmalereien und Fresken an, staune über ihre Orchestermusik und Lautenwerke, genieße ihre Skulpturen und Altäre. Und so wurde mir diese Stadt in vielem zum Wegweiser. Gerade auch, weil sie immer wieder nach oben zeigt ...

Natürlich ist man in Venedig in seiner Rolle als Serenissima-Liebhaber kaum je allein. Und wenn man mit der Liebe zu dieser Stadt wieder in seine Heimat zurückkehrt, ist man dort mit dieser Liebe erneut nicht allein. Zwar kommt nicht jeder, der schon mal in Venedig war, als schwer Verliebter nach Hause (siehe ich selber damals mit fünfzehn Jahren!). Aber wenn man das Thema unter seinen Freunden anschneidet, dann findet man doch jederzeit Gleichgesinnte und kann sofort ins Schwärmen geraten. Noch schöner ist es dabei immer, wenn man schon bald davon ablässt, über die Straßenhändler mit ihren gefälschten «Gucci»-Handtaschen, das Hotel mit nicht funktionierender Dusche oder das epochal schlecht gekochte «Menù Turistico» in der Touristenfalle bei San Geremia zu plaudern, sondern sich dafür entscheidet, in die Tiefe zu gehen.

Dort in der Tiefe findet man schließlich die wahren Gefährten, und es ist immer eine Freude, wenn man dann gegenseitig merkt: «Wunderbar, dass mein Gegenüber dort vor dem Gemälde von Tiepolo und beim Besuch der uralten Synagoge im jüdischen Ghetto die gleichen Gedanken und

Gefühle hatte wie ich!» Man freut sich dann aneinander und sieht sich als Wesensverwandte, als Seelenverwandte. Und das bringt mich zur nächsten Geschichte:

Seit vielen Jahren ist Georg Karlstetter als Vertreter im Sortimentsbuchhandel unterwegs. Er zeigt dort den Buchhändlern die neusten Produkte all der Buchverlage, für die er viele Wochen im Jahr «on the road» ist. Georg ist auch in unserem Namen unterwegs und präsentiert jeweils die Neuheiten aus dem Brunnen Verlag Basel und dem Brunnen Verlag Gießen. So haben wir uns bei Vertretertagungen viele Male gesehen und uns immer besser kennen gelernt. Irgendwann haben wir bemerkt, dass wir die gleichen Musikerinnen und Musiker lieben, etwa Moya Brennan und ihre großartigen Begleiter von der irischen Band «Clannad». Oder Enya, Moyas berühmte Schwester. Das hat uns natürlich verbunden, über all das Geschäftliche, Berufsmäßige hinaus. Was ich aber lange nicht wusste, war dies: Georg und seine Frau Elizabeta sind riesengroße Liebhaber Venedigs. Als ich es erfuhr, war ich natürlich beglückt. Doch die alles überragende Überraschung sollte erst noch folgen!

Eines Tages erzählte mir Georg, dass seine Frau Elizabeta nicht nur Künstlerin sei, sondern darüber hinaus eine weitere Ausstellung über von Venedig inspirierte Themen plane: Fragilität, Verletzlichkeit, Vergänglichkeit, Loslassen, Sterben, Leben in der Fülle ... Und diese Ausstellung finde nun an einem ganz speziellen Ort statt – nämlich in Venedig selbst!

Da habe ich natürlich gestaunt! Ich fand es mutig, so einen großen venezianischen Kirchenraum zu mieten, all die Kunstwerke in tagelanger Kleinarbeit filigran zu verpacken,

sie ab Königswinter (bei Bonn) mit dem Auto zu transportieren – und sie dann auf den letzten Kilometern auch noch mit einem Boot auf den Kanälen bis hinüber zu San Zanipolo, der Klosterkirche der Dominikaner, zu verfrachten. Den beiden war also kein Weg zu weit.

Was für ein Aufwand wurde da betrieben, wie viel Liebe wurde da investiert! Und weil ich das spürte, entschlossen sich meine Frau und ich, den Faden aufzugreifen und ebenfalls ein Ticket nach Venedig zu lösen. Es reichte uns zwar zeitlich nicht, bei der Vernissage noch mit dabei zu sein, aber am Tag darauf standen wir dann vor den Pforten der «Mostra», der Kunstausstellung. Dort trafen wir nicht nur eine bis in die letzten Fasern engagierte Künstlerin voller Sensibilität, Freude und Emotionen, sondern auch Georg, ihren Gatten, der mit seiner Kamera alles auslotete, was Venedig herzeigen kann und will. Ständig war er auf Fotopirsch, tauchte ein in alles, was ihn umgab und seine Sinne berührte. Aber ihn interessierten weniger die ganz bekannten Sehenswürdigkeiten, nein, er konzentrierte sich vielmehr auf die Details am Rande, aufs Unscheinbare, Unspektakuläre. Und auf das, was in keinem Reiseführer besonders erwähnt oder beworben wird. Und damit hatte er mich nun ganz gewonnen.

Natürlich baten wir Georg, uns mehr von seinen Fotografien zu zeigen. Und wir baten Elizabeta, uns ihre Kunst noch mehr aufzuschließen. Und da zeigte sich, dass wir uns getäuscht hatten: Elizabeta näherte sich dieser Stadt nicht ausschließlich mit Bildern und Kunstobjekten, sondern vor allem auch mit Worten. Viele Künstler sind entweder hervorragende Maler oder subtile Texter, sie beherrschen das eine oder das andere. Bei Elizabeta kam nun beides zusammen: die dreidimensionale, mit den Händen und Pinseln geschaffene Kunst – und die Kunst der feinen Feder, des Schreibens.

Elizabetas Texte sprachen uns sofort an, kitzelten uns auf dem Seelengrund, entlockten uns ein Lächeln, eine Zustimmung, ein leises, unmerkliches Weinen, ein freudiges, unterstützendes Kopfnicken; manchmal bluesige Melancholie, oft aber auch eine Melodie des absoluten Verstehens. Sie fasste manches in Worte, was wir bis jetzt noch gar nie in Worte gepackt hatten, sondern lediglich als «erhebendes Gefühl» in uns mittrugen. Dabei wandte sie verschiedene Techniken an: mal verknappte und verdichtete sie alles in subtile Lyrik, in die Poesie der wenigen Worte – und mal weitete sie die

Themen aus in großzügiger, überbordender Prosa. Mal erklärt sie ihren Lesern alles, was sie wahrnimmt, sieht, fühlt, hört, spürt, verarbeitet – und mal lässt sie den Lesern allen Freiraum der Welt, um selber zu interpretieren und scheinbare «Lücken» und offene Passagen im Gedankengang mit eigenen Erfahrungen, Erlebnissen und Bildern zu füllen.

Als wir die Texte gelesen, die Kunstausstellung drei Mal durchforstet und Georgs Fotografien genossen hatten, war der Weg zur Buch-Idee nicht mehr weit. Die beiden haben sich auf diese Bitte und Herausforderung eingelassen, haben ihre Herzen, Schatztruhen und Tagebücher geöffnet und einiges für die erste große Zusammenstellung freigegeben. Dieses Buch ist das Resultat davon. Ich selbst bin sehr begeistert über die Auswahl der Texte und Bilder. Vieles spricht mich ganz direkt an, deckt sich mit eigenem Empfinden, inspiriert zu neuem oder nochmaligem Betrachten. Es ist jedenfalls eine Reise mitten hinein in die eigene Sehnsucht, auch ins eigene Philosophieren und Nachsinnen über das Leben und seine Hintergründe. Und wenn ich heute das Buch anschaue, ist es fast so, als müsste ich jetzt Venedig gar nicht mehr jedes Jahr besuchen. Denn hier steht gebündelt alles drin, was in mir im Laufe von vier, fünf Tagen in der Serenissima abläuft und mich dort an jeder Ecke auf feinste Weise beschäftigt.

Dass wir Georg seit jener Venedig-Ausstellung «Giorgio» nennen, ist eine weitere Geschichte am Rande. Eigentlich wollten wir den «Giorgio» auch mit auf den Buchumschlag nehmen und ihn im Buch durchgehend so erwähnen. Eliza-

beta fand das gut. Aber Georg empfand das verständlicherweise ein wenig anders. «Ich sehe das eher nicht, denn angesichts dieses Namens meinen die Leser am Ende, Elizabeta hätte einen Italiener geheiratet!» Wo er Recht hat, hat er Recht! Ich kann Ihnen, liebe Leserinnen und Leser, aber versichern (und ich bin gewiss, Sie werden das nach dem Durchblättern dieses Buches auch so sehen): Giorgio – pardon: Georg! – ist in seinem Herzen durch und durch Venezianer geworden! So sehr jedenfalls, wie man das als Deutscher nur werden kann. Und dass Elizabeta eine begeisterungsfähige und temperamentvolle Südländerin ist, spürt man eh in jeder Zeile.

Der Aufbau der 168 Buchseiten ist im Übrigen schnell zu erfassen: Der Untertitel «Beseelte Gedankenspaziergänge durch die Serenissima» sagt ja schon, dass die Gedanken auf Wanderschaft gehen. Sie starten im Großen (das ist in Venedig der Canal Grande; im übertragenen Sinne die Liebe), durchschreiten dann viele kleinere, verträumte Seitenkanäle mit ihren diversen Unterthemen und kommen am Ende wieder zum Canal Grande zurück; und damit zu den alles überragenden Inhalten bezüglich der Essenz allen Lebens.

Ich wünsche Ihnen mit diesem Buch einige wunderbare Stunden voller Freude und Tiefgang. Mögen die Texte und Bilder punktgenau in unsere Herzen sprechen und dort ein paar selten angespielte Saiten berühren.

Christian Meyer, Herausgeber

Am Canal Grande:
Was für eine Stadt!

Unser beider Venedig

Nach London, Paris, Rio de Janeiro, Lissabon, Barcelona, Santo Domingo, Mailand und anderen schönen Städten betraten wir, am Ende einer Norditalien-Reise, vor achtzehn Jahren das erste Mal venezianischen Boden. Was wir gemeinsam fühlten, war vom ersten Augen-Blick an: Diese Stadt versprüht einen noch nie dagewesenen Zauber; sie ist anders als alle hochgepriesenen Städte der Welt. Sie ist ein Lockruf. Eine Verführung. Ein Versprechen.

Unser Sehnen nach Venedig wuchs von Reise zu Reise. Man könnte sagen: Wir sind Venedig-Süchtige, ohne Unterlass. Die Stadt der Liebenden wurde zu unserer Lebenspassion.

Venedig ist die Verkörperung unserer tiefsten Sehnsüchte nach: Stille, Entschleunigung, inspirationsvollen Augenwanderungen und unangetasteter Seelennähe. Unser beglückendster Herzensort! Ein Lebensgefühl. Wir lieben diese geheimnisumwobene Meeresfee, die steingeborene Schöne, die uns jedes Mal eine andere Seite enthüllt, auch eine neue Facette der Liebe, und uns zu etwas völlig Unerwartetem hinführt.

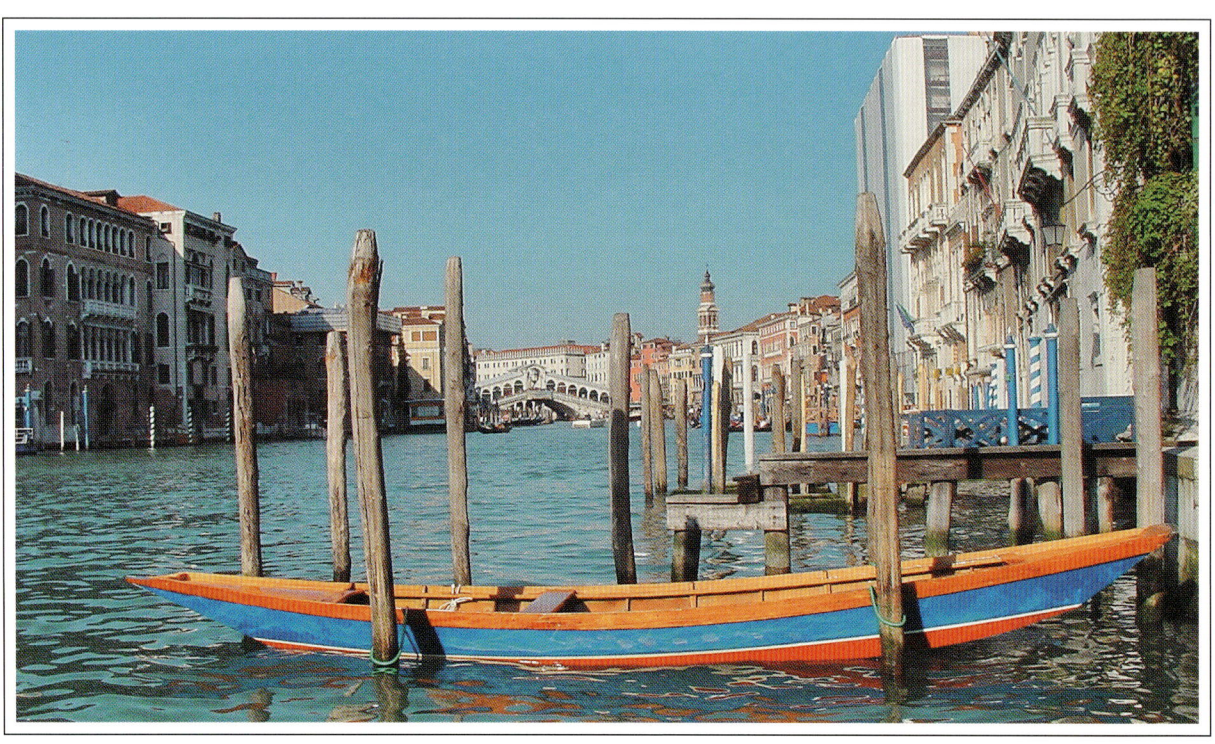

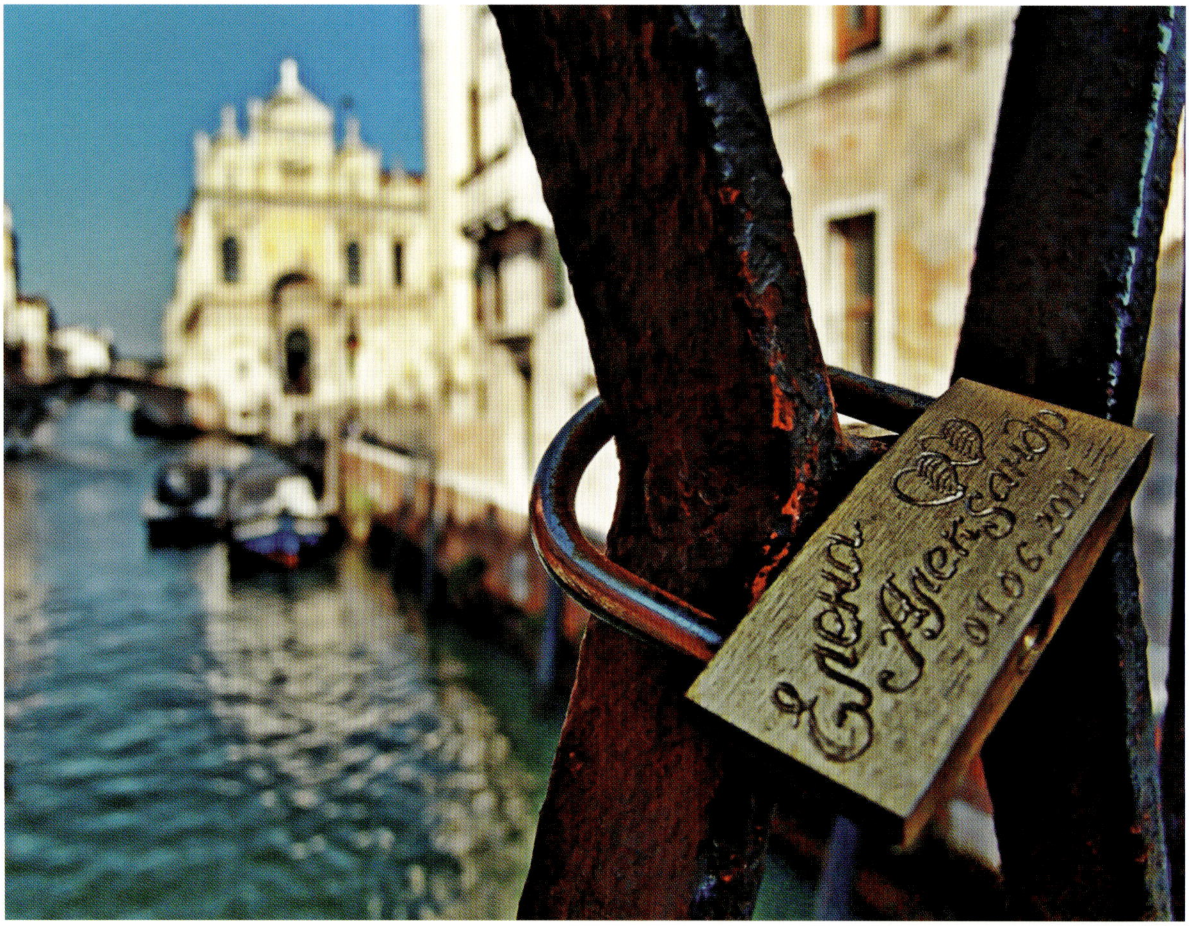
Елена
Александр
01.06.2011

In Venedig ist unsere Seelenverwandtschaft intensiver als im täglichen Leben zu Hause oder an anderen Orten, an denen wir gerne zusammen verweilen. Wir schauen weiter, wir schauen genauer und tiefer, auch hinter die Dinge. Und was wir oft gleichzeitig wahrnehmen, ist schön. Göttlich schön! Liebende in Venedig zu sein, bedeutet Poesie, Zauber, immer wieder erneutes Knistern und Kribbeln. Der Canal Grande fließt mitten durch unsere Adern und unser Herz – als ein Verliebtheits-Erfrischer. Das gemeinsame Erkunden der Stadt ist unser spannendstes Abenteuer.

Ein passionierter Autofahrer wie mein Mann Georg wird in Venedig zum begeisterten, nie jammernden, gut gelaunten Fußgänger. Das meistens planlose Schlendern bietet uns kostbare Möglichkeiten, das Neue, Schöne, noch Unbekannte, das uns permanent begegnet, begeistert zu teilen, zu genießen und festzuhalten – jeder auf seine Art.

Venedig lässt unser Liebeshaus jedes Mal mit einer neuen Erlebnisnuance ganz neu erstrahlen. Das verbindet uns auf intensivste Weise und wird manchmal zu einer notwendigen Glückskonserve in ganz anderen, weniger berauschenden Phasen. Venedigs morbide Seite erinnert uns daran, dass Glück oft nicht von Dauer ist und Schatten einfach zum Leben dazugehören; dass Schönes Risse bekommt und dass die Liebe, ebenso wie Venedig, permanent irgendwo renovierungsbedürftig ist.

Wir erleben Venedig mit einer unbändigen Neugier. Hinter jeder Ecke, in verstecktesten Winkeln, in unscheinbarsten Gässchen erwarten uns immer wieder grandiose Details,

wahre Augenweiden; einmal ist's sogar ein verborgener Traumgarten. Im Gleichklang der vielen Sinneseindrücke, des gemeinsamen Staunens und der vielen Offenbarungen empfinden wir die Zeit in der Serenissima jedes Mal als einen weiteren Lebenshöhepunkt.

Wir lieben das maskenlose Venedig. Die atemberaubende Schönheit seiner Kunstschätze. Seine sanfte Seite. Wir lieben die über viele Jahre und Jahrhunderte hinweg gebündelte Weisheit Venedigs, die ohne Umwege an die eigene Vergänglichkeit erinnert. Dieses sprechende Schweigen. In den himmlischen Momenten, fernab aller Klänge, hören wir es pochen: Venedigs offenes, weites, glanzvolles Herz aus Gold.

Stolzer Platz im Meer

*Venedig ist stolz
auf seine Schönheit
aber die Stadt schämt sich auch
ihrer Schatten nicht.
Venedig ist
Freude und Trauer,
Aufbau und Untergang,
Maske und Nacktheit,
Leben und Tod,
Vergänglichkeit und ewige Liebe.
Welche Stadt kann sich mit
dieser Echtheit vergleichen?*

Kapitel 2
Gedankenspaziergang:
Venedigs Schönheit

Nebelnächte

Venedig im Nebel. Verschleiert. Schön wie eine Braut.
So geheimnisumwoben, dass ich das Empfinden habe,
die Stadt meines Herzens sei das fünfte Element …

Tiefer Frieden. Melancholie.
Hier fließen alle geweinten und ungeweinten Tränen
in Monate andauernden Nebelnächten zusammen.

Beim ersten Frühlingserwachen strahlen die Tränen,
zu Tautropfen geworden,
auf den aufblühenden Knospen – und lächeln Regenbogenfarben.

Verwandelt. Auferstehungsfroh.

Herbstabend

*Herbstabend
die Straßenlaterne sprüht
ihr goldenes Licht
über die wachsende
Dämmerung
Die Seelenaugen erheben sich*

Gedankenspaziergang:
Schlendern & Entdecken

Manchmal verliere ich
meine eigene Spur
den goldenen Seelenfaden
im Lärm der Zeit

Ich suche den Hafen der Stille
dort ruhen meine Nachtigallgedanken
entschwinden meine Unruhe und Zweifel
da wachsen meinem mutleeren Traum
neue sommerfarbene Flügel …

Die Perle in der Muschel

In Venedig, meiner innigsten, privatesten Sternengalaxie, ist meine Seele noch feinporiger als sonst. Gierig und sehnsuchtsvoll nimmt sie alles in sich auf: Schönheit, Schatten, lautloses Vergehen, Vorüberziehendes, Düfte, Klänge, die leidenschaftliche Umarmung der zerrinnenden Augenblicke. Jede hier gelebte Minute versprüht ihre goldenen Funken, bevor sie wie ein brennendes Lichtermeer in ein Erinnerungsfeuerwerk mündet.

Wir schlendern jedes Mal mit großer Passion und Neugier durch einzelne Stadtviertel, bewusst jenseits all der üblichen Touristen-Pfade, in denen für manche Augenpaare vielleicht nichts Bedeutendes zu sehen oder zu finden ist. Mir stellt es sich anders dar: Hier thront eine heilsame, wunderbare Stille, die das vielschichtige, rätselhafte innere Universum reduziert auf das Essentielle, das Wesentliche: auf den goldenen Kern, der von Gott kommt und zu Ihm zurückkehrt und der in Ihm allein seine Lebenssehnsucht gestillt weiß. In dieser an helle Mondscheinnächte erinnernden Stille kann ich, von allem losgelöst, selbstvergessen – einfach nur sein. Fernab der Zeitmesser, der Eile, des Wollens und Müssens. Fernab aller offenen Fragen und aller scheinbar unauflösbaren Rätsel. Hier bin ich geborgen in Gottes Hand – wie die Perle in der Muschel.

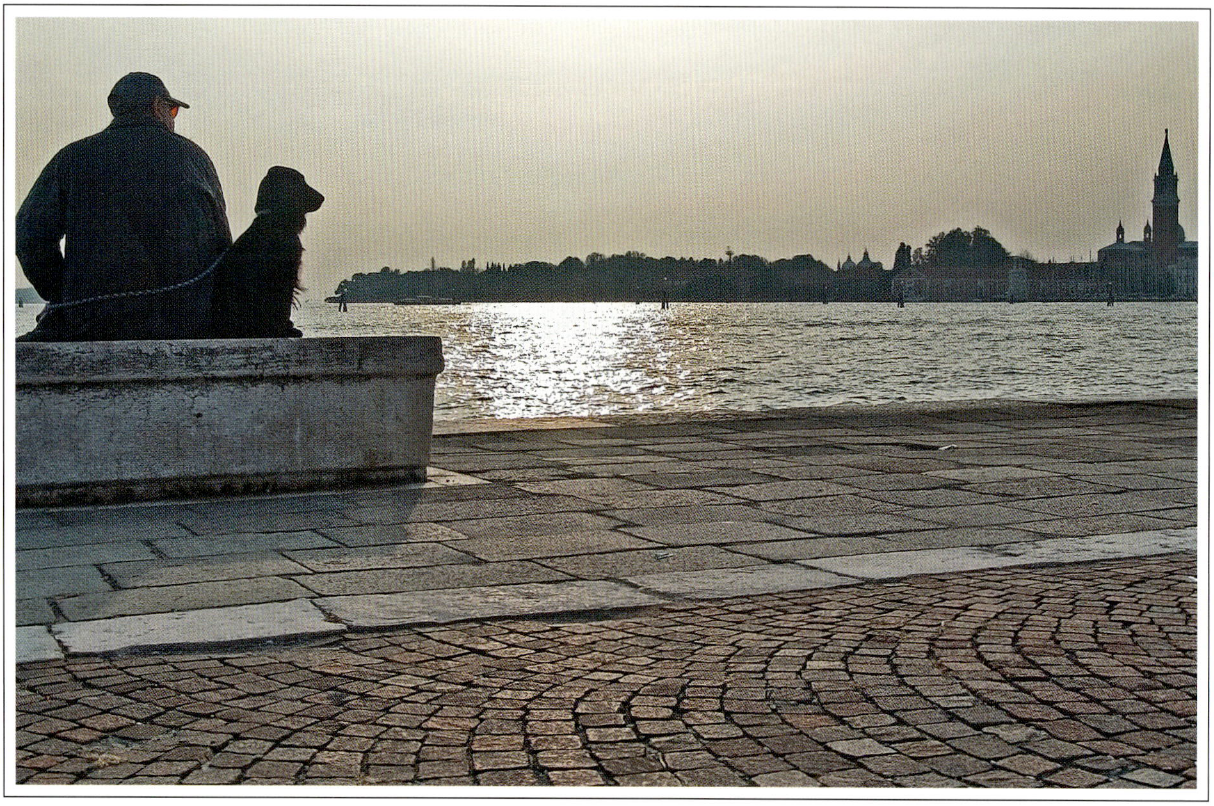

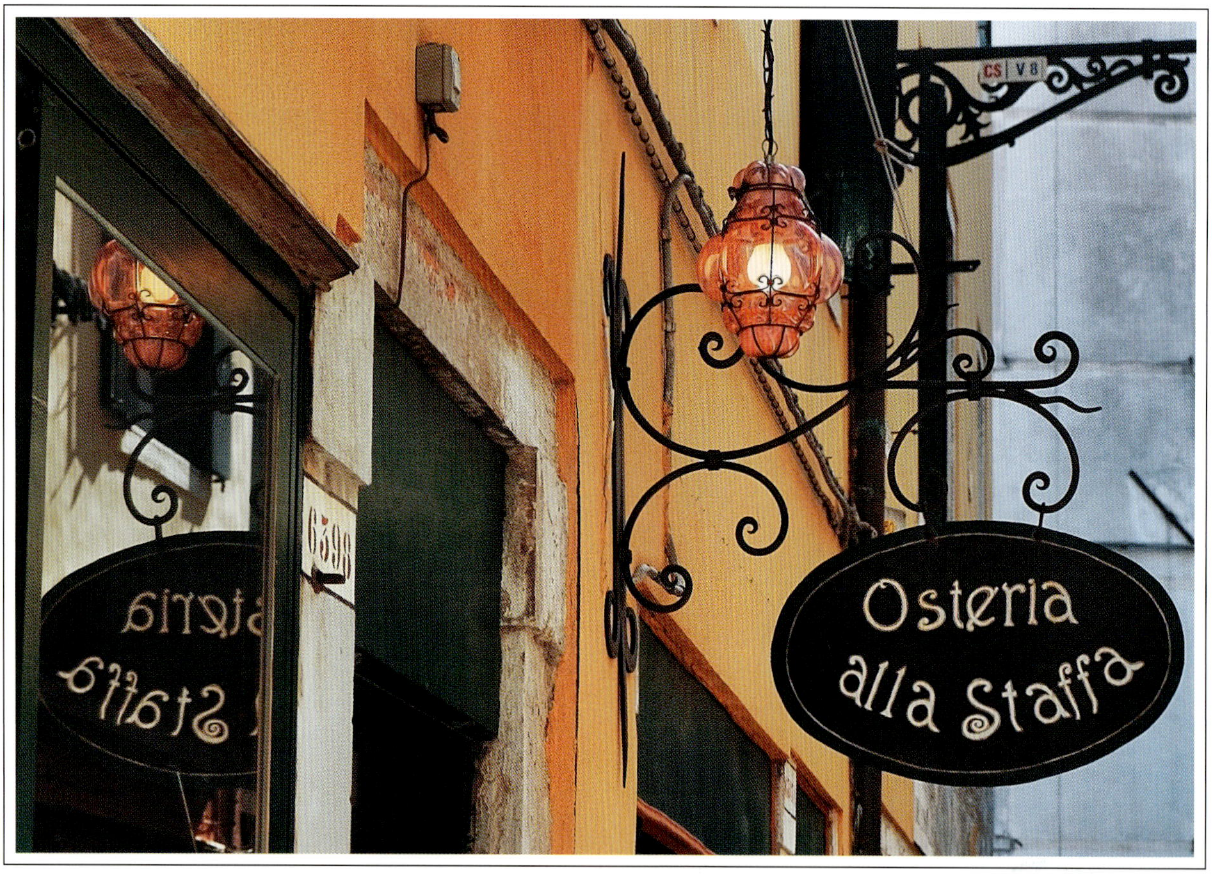
CS V8
Osteria
alla Staffa

Schlendern

*Federleicht
durch die engen Gassen
schlendern
jeder Atemzug –
die reine Freude
über dem Wasser gehen:
kein Wagnis*

Erdentbunden

Zeitlos in menschenleeren Gassen
schlendern
auf Wolkenschuhen
von Stufe zu Stufe
von Brücke zu Brücke
zwei Feuerherzen in Taubengefieder

Unendliche Augen strahlen
weite Sonnenplätze an
plätschernde Kanäle
lautlos vorbeischwebende Gondeln
der Beginn der Unendlichkeit

In sanfter Abendstille
ruhen kleine Boote
zarte Wiegen
regenbogenfarbener Augenblicke
die unaufhaltsam
ins glitzernde Meer tropfen
über dem wir – erdentbunden –
laufen und lächeln …

Gedankenspaziergang:
Sehnsuchtsort

Unter der Königsbaumkrone
sommerfarbene Blätter
am Puls der Erde entschlafen
sonnenwarm
Brillant strahlt Dein ewiges Licht

mein Seelenfenster an
Glücksströme
fließen hinein
Rückzug
ins Wesentliche

Sehnsucht, die nicht abnimmt

*Auf dem Sehnsuchtsmeer
treiben wir dahin
Glückliche Verwundete*

Für mich ist Venedig weit mehr als eine unvergleichliche Stadt; es ist ein Sehnsuchtsort! Eine permanente Sehnsucht, die nicht abnimmt, sondern mit der Zeit sogar wächst. Immer wollte ich dort länger verweilen, als es möglich war, wollte mehr erleben, erfühlen, erwandern, ertasten, um irgendwann «venedig-erfüllt» zufrieden zu sein, vielleicht sogar fähig, auch mal eine andere Stadt ebenfalls so lieben zu lernen wie die Serenissima. Aber dieser Zustand ereignet sich nicht! Er ereignet sich nie. Kaum berühre ich venezianischen Boden, fühle ich eine Wehmut, beinahe auch einen Schmerz, weil ich doch auch bereits wieder um den baldigen Abschied weiß … Gleichzeitig spüre ich, wie mein Herz an Venedigs Hauptschlagader ankommt, andockt, anwächst. Ich

bin da – und sehne mich bereits nach dem Ort, an dem ich schon bin …

Es erinnert an den Abschiedsschmerz vieler Liebender, welche glaubten, sie hätten den Himmel auf Erden, wenn sie nur zusammen bleiben könnten. Rückblickend weiß ich nach einigen verflogenen Sommern – wie alle Sterblichen –, dass das ganze Leben eine vielgliedrige, unendliche Sehnsuchtskette ist. Und darüber hinaus: ein Dauerabschied …

So lange ich lebe, werde ich mich sehnen. Am Ende meines Daseins werde ich die Endstation aller Sehnsüchte betreten: Wenn ich, des Sehnens müde, schmerzgeläutert, stellenweise zerbrochen, mit leeren Händen dem Ruf meines Schöpfers folge.

Leicht wie eine Pusteblume. Sehnsuchtslos.

«Ohne Sehnsucht bin ich tot.» (Nelly Sachs)

Sehnsuchts-Gegenüber

Immer mit im Boot:
Du,
ewige …
sanfteste …
tiefste …
schönste …
größte aller Lieben!

Wo Schönheit thront

*Ankommen
am Sehnsuchtsort
wo Stille blüht
und Schönheit thront
im Vorhof des Ewigen*

Gedankenspaziergang:
Veränderung & Wandel

Im Wandel – Strahlender Himmel, plötzlicher Wolkenbruch

Wenn das Leben beginnt, geschieht bereits ein Wandel …

An einem strahlend schönen Sommertag, im September 1994, sah ich Venedig zum ersten Mal. Das erste Bild von der Traumschönen, das sich in meinem Gedächtnis eingenistet hat, bleibt unbeschreiblich – jenseits aller Worte: eine schwebende Stadt am Meer, und doch ganz real! Als ich das Boot verließ und den ersten glattgetretenen Pflasterstein betrat, fühlte ich, wie der saphirblaue Himmel mich ganz umfing. Venedig – mein Langzeittraum fühlte sich an, als dufteten alle geheimen Rosengärten der Serenissima mir entgegen, als schnurrten alle Katzen Venedigs nur für mich, ihr seidiges Fell an mein Gesicht schmiegend, und als schwebte ich, allem Vergänglichen entflohen, schwerelos über Raum und Zeit hinweg …

Um mehr von Venedig sehen zu können – und das an unserem einzigen verfügbaren Tag –, beschlossen wir, zur Piazza San Marco zu gehen und dort vom Glockenturm des Markusdoms aus den großartigen Panoramablick zu genießen. Oben im Campanile angekommen, waren wir absolut überwältigt! Eine Ahnung von Venedigs Schönheit hatten wir bereits gehabt, aber nicht von dieser Dimension! Um die ganze Stadt kennen zu lernen, müsste man wohl ein ganzes Leben investieren.

Mitten in unserer überschäumenden Begeisterung kam plötzlich ein kühler Wind auf, der Himmel färbte sich nahezu übergangslos vom strahlenden Blau zu Anthrazit. Als wir den Campanile verließen, waren wir beinahe allein auf San Marco, denn es regnete inzwischen in Strömen. Sommerlich bekleidet und ziemlich überrascht, trotzten wir dem ungemütlichen Wetterwandel: Immerhin standen wir ja auf dem bedeutendsten Platz Venedigs! Umrahmt von flat-

ternden Taubenschwärmen, hielten wir den großen Schirm fest dem Wind entgegen und lächelten tapfer in die Kamera.

Trotz dieser kontrastvollen ersten Begegnung mit Venedig wurde die unvergleichlich Schöne unser absoluter Herzensort. Aber der Wandel begegnete uns, wie überall im Leben, auch hier auf Schritt und Tritt. Bei jeder Ankunft stellten wir mehrfache Veränderungen fest. So waren etwa individuelle kleine Läden, die jahrzehntelang als urige, traditionsbewusste Familienbetriebe funktionierten, oder liebevoll hergerichtete Galerien mit schönem Design, mit Fotokunst und anderen Kunstgegenständen plötzlich nicht mehr da. Auch Läden mit besonders ausgewählter und zeitloser

Herrenbekleidung wie etwa «Paolo Brocca» oder ein Geschäft für 3D-Laserbild-Glaswürfel wie «Cristallo» suchte man plötzlich vergebens. Wir sahen auch nur noch selten Katzen auf großen Plätzen oder in den Gassen. Heute sind Samtpfoten – so sagen es uns in Kurzdialogen auch die echten Venezianer – in dieser Stadt eine Rarität geworden. Inzwischen schmücken mammutgroße Werbetafeln die bedeutenden Plätze und sogar die Rialto-Brücke. Es entstanden ganze China-Viertel mit mittelmäßigen Restaurants und sehr austauschbaren Ladenketten.

Es gab aber auch schöne Veränderungen: Dank der zahlreichen B&B's, welche in den letzten Jahren in Venedig entstanden sind, kann sich der Gast dort einiges privater fühlen als in den vielfältigen Hotels. Auf diese Weise ist ein Blick hinter die Kulissen der venezianischen Häuser möglich, es kann sich ein spontanes Gespräch mit den Gastgebern entwickeln, und man erhält interessante Informationen über Venedigs Bewohner und die Stadtbesonderheiten. Informationen, die durch eine Zeitung wohl kaum je zu erfahren sind …

Nach fünf Aufenthalten in einem kleinen Hotel am Kanal in San Polo hatten wir Lust auf eine Quartierveränderung. Wir entdeckten durch eine schöne Internet-Präsentation unseren Glücksfall: «B&B Sandra» im Stadtteil Cannaregio. Als wir 2006 das erste Mal spät am Abend dort ankamen, wurden wir sehr herzlich empfangen. In unserem wunderbaren Zimmer blühten frische Tulpen in der Vase, zwei schöne Katzendamen schlichen uns um die Beine, offenkundig mit der Feststellung: «Ach, neue nette Katzenfreunde!» Wir fühlten eine warme, sehr schöne familiäre Atmosphäre.

Am nächsten Morgen saßen wir – zusammen mit nur wenigen anderen Gästen, denn Sandra hat nur drei Räume zu vermieten – im großen, gediegen eingerichteten, mit vielen Kunstwerken behängten und wunderbar lichtdurchfluteten Wohn- und Essraum. Der Blick von dort auf den Kanal war faszinierend. Dazu erwartete uns ein mit Sandras selbstgebackenen Köstlichkeiten und zahlreichen anderen ausgesuchten Leckereien gedeckter Tisch.

Das Ganze erinnerte in seiner Vielfalt eher an ein Fünfsterne-Hotel. Wir bemerkten schnell, dass das persönliche Engagement des B&B-Teams (Sandra und ihr Ehemann Leonardo, dazu ein Zimmermädchen) das sonstige Unterkunftsniveau in puncto Zuwendung bei weitem überstieg. Sie waren dauernd bemüht, den Gästen ein hundertprozentiges Wohlgefühl zu vermitteln, gepaart mit der Ermutigung an uns, extra Fragen seien, genauso wie wir, jederzeit willkommen. So entstand bei uns schnell das Gefühl, eine beinahe freundschaftliche Ebene mit Sandra und Leonardo genießen zu dürfen. Und das hätte uns kein Hotel der Stadt so bieten können.

In dieser ersten Woche in unserem neuen Venedig-Quartier feierten wir unsere Silberhochzeit. An dem Morgen buk Sandra eigens für dieses Ereignis zwei kleine rosenförmige Törtchen und deckte uns den Tisch noch schöner als sonst! Das berührte uns sehr.

Begeistert kamen wir ein Jahr später wieder. Wir erzählten Sandra von meinem Langzeittraum, einmal in Venedig eine Ausstellung zu präsentieren. Da hatte sie sofort eine Idee und ging trotz vollem Arbeitstag in die Basilica auf dem Campo Santi Giovanni e Paolo, um sich zu informieren, ob der Raum frei wäre für meinen Wunschtraum-Termin im Jahr 2008. Und sie machte damit das Unmögliche möglich!

Wir gingen 2007 mit Leonardo zu dem Konvent-Büro und buchten bei dem freundlichen Padre Angelo den schönen Kirchenraum für meine Ausstellung. Diese wurde in vielerlei Hinsicht meine beglückendste in den zwanzig Jahren Unterwegs-Sein mit der Kunst. Kurioserweise fielen die Eröffnung (Vernissage) und die Ausstellung selbst genau auf die Zeit des Finanzmarktcrashs 2008 – also in jene Tage, als die Zeitung «La Nuova» in jeder Ausgabe von nichts anderem als der schweren Krise berichtete.

Hätte ich den tollen Ausstellungsraum jemals alleine entdeckt, ohne die Hilfe meiner so engagierten Gastgeber im B&B in Anspruch nehmen zu dürfen? Ich glaube nicht. Im Nachhinein sehe ich auch das als eine weitere glückliche, göttliche Fügung!

Es ist tatsächlich alles im Wandel, von der ersten bis zur letzten Lebensminute! Mancher Wandel ist ein langer, sichtbarer Prozess. Andere Wandlungen vollziehen sich fast unmerklich und leise. Wieder andere kommen ganz plötzlich und gewaltig und bringen die eigene kleine Welt vollständig aus dem Gleichgewicht. Manchmal fühle ich mich den vielen Wandlungen in der Welt, in der Gesellschaft und im eigenen Leben kaum noch gewachsen ... Ich suche Beständigkeit, Verlässlichkeit, ein festes, tragfähiges Fundament, das alle Stürme unbeschadet überstehen kann!

In manchen sturmvollen Phasen auf dem Meer des Lebens fürchte ich, dass der Orkan noch weiter zunehmen wird, und wundere mich über meinen vermeintlich schlafenden Kapitän im Boot. Meine Welt droht unterzugehen, und *Er* schläft, ungeachtet der hohen Wellen und der Bedrohung! ... Anders als ich, macht Er sich offensichtlich niemals

Sorgen. Er ist nie panisch oder ratlos. Er sieht eben *das ganze Meer* und weiß, woher der Wind kommt und wann er dreht.

An Tagen, wo der Sturm unser Boot umtost, höre ich Sein lautloses Rufen und lege mich vertrauensvoll wie ein Kind zu Ihm auf die Holzplanken; ermüdet, bleischwer, mit zerfurchter Seele und getrübtem Blick. Und in solchen himmelgesandten Offenbarungsmomenten passiert dann unerwartet ein Wandel. Ich schaue plötzlich nicht mehr auf die alles verschlingenden Wellen, sondern auf die allmächtigen Hände meines Vaters, die mich mit allertiefster Liebe und mit vollendetem Frieden zudecken. So versinke ich schwerelos in meinen Schlaf.

Ein Vogel wirst du

*Bald ziehst du ins Sternenall
als kleiner leuchtender Stern
dein Garten bleibt verwaist und leer
ein Vogel wirst du
zum Abflug bereit
ich lass dich fliegen
Stunde für Stunde
wachsen deine Flügel
himmelwärts …*

Kapitel 6
Gedankenspaziergang:
Zeit & Vergänglichkeit

Was ist unser Leben?

Am Ende eines freudenüberfließenden venezianischen Tages saß ich sinnierend unter einer Straßenlaterne an dem kleinen Kanal bei der Fondamenta Trapolin. Es war kein einziger Laut vernehmbar, nur Sternenstille über der zerfließenden Zeit.

In solch erhabenen Momenten nehme ich Klänge wahr, vor denen der vom Zeitgeist getriebene Mensch normalerweise auf der Flucht ist. Ich sah vor meinem inneren Auge die vielen erlebten Freuden des bereits entschwundenen Tages und sehnte mich danach, die Zeit anhalten zu können, die mir – bereits zur Vergangenheit geworden – durch die Finger rieselte wie Sand.

Mitten in dem erlebten Augenblicksglück spürte ich an jenem Abend sehr intensiv die Flüchtigkeit des Seins. Das Bewusstsein schmerzte, dass wir hier nur Gäste sind, Gäste zwischen Raum und Zeit, fragile, vergängliche Wanderer auf Erden. Eine tiefe Wehmut flog mich an. Aufdringlich klopfte die Stimme der Melancholie an meine Seelentür. All das Wunderbare, das meine Augen gestreichelt und meiner Seele Flügel verliehen hat, meiner Lebensfrucht die Süße geschenkt hat – es soll also nur ein entschwebender Augenblick gewesen sein, ein Wimpernschlag, ein Hauch?

Der plötzliche Gedanke an die Lebenszeit-Geschwindigkeit fühlte sich fast erschreckend an. Als Kind hatte ich mir das Vergehen der Zeit so ganz anders vorgestellt. Der Vers aus meinem Lieblingspsalm 90: «Unser Leben dauert siebzig, vielleicht sogar achtzig Jahre …», erschien mir

wie ein göttliches Versprechen, dass ich meine Jahre in wohltuend dosierter Geschwindigkeit werde leben können. In jenen besonderen Minuten unter der venezianischen Straßenlaterne begriff ich illusionsfrei, dass meine Tage und Jahre genauso rasend vergehen wie die Lebenszeit aller anderen Geschöpfe. Und in meiner tiefsten Seelenschicht spürte ich schmerzlich laut die Frage landen: Was ist mein Leben?

«Das Leben ist eine Pilgerreise», flüsterte mir die sanfte Stimme Gottes zu, die mein Leben so wundersam lenkt. «Eine wechselvolle Zeitspanne, gewoben aus Licht und Schatten, Lachen und Weinen, Zucker und Wermuth, Kommen und Gehen … Des Menschen Tage vollziehen sich wie der Flug der Zugvögel. Und gerade die beglückendsten Ereignisse vergehen erstaunlich schnell, einem Windhauch gleich … Letztlich ist das Menschendasein ein Warteraum zur Ewigkeit. Aber das Schönste steht dir noch bevor. Du bist nicht nur ein vergänglicher Erdengast, der sich nach dem verlorenen Paradies sehnt – nein, durch meine Gnade bist du vielmehr ein zukünftiger Bewohner des Himmels!»

Ewigkeit

*Betörende Schönheit
daneben Verfall
an eigene Vergänglichkeit
erinnernd
wehmutsfrei das Herz
an die Ewigkeit gewöhnen*

Zeit

*Die Zeit ist ein Großmaul
das uns früher oder später
alle frisst
mit Haut und Haaren
mit verbeulten Jahren
verblassten Sehnsüchten
und leuchtenden Stunden
und doch ... will die Zeit
niemanden erschrecken
weiser sollten wir werden
mit wachsenden Jahren
sanfter
liebender
leichter
unbeschwerter
denn die Zeit
naht
sie kommt uns
immer schneller
entgegen
Zeit – in der wir
einmal zeit-los
sind*

Gedankenspaziergang:
Loslassen & Abschied

Kurzzeitufer

Wir alle sind
Wartende
Reisende
Sehnsüchtige
Suchende
Alternde
Sterbliche

am Kurzzeitufer
das man
Leben nennt

Memento Mori (Bedenke, dass du sterben musst)

Venedig und Biennale – ein vertrautes Paar, so wie Venedig und die Gondel. Das mammutgroße, kontroverse Kunsterlebnis wollten wir uns 2007 erneut anschauen. Manche Exponate sprachen uns sehr an, einiges schwieg uns an, zwischendurch aber waren wir auch konfrontiert mit absoluter Leere an Inhalten und Sinn, mit laut provozierendem Zeitgeist, mit Gewalt und Seelenlosem.

Obwohl Videoinstallationen bis dahin nie mein wirkliches Interesse wecken konnten, blieb ich wie angewurzelt bei einer solchen stehen. Eine schnelle Bildabfolge nahm mich schon mit den ersten ausgesprochenen Worten gewaltig in Beschlag. Menschen auf der Straße, Menschen aller Nationen und Hautfarben, Menschen jeden Alters wurden spontan für die Kunstaktion ans Mikrofon geholt und wiederholten in allen Sprachen der Welt nur diesen einen Satz: «Ich werde sterben!»

In einigen Gesichtern konnte man einen echten Schock erkennen. Manche wirkten verlegen, andere lächelten verstört in die Kamera. Man sah viele ernste, traurige Gesichter. Manche hingegen sprachen die Worte scheinbar bewusst aus, ganz friedlich und der Botschaft gewahr: «Ich werde sterben …». Ich fragte mich – was hätte *ich* getan? Ich glaube, ich hätte versöhnlich in die Kamera geschaut …

Diese überraschende, spannende Kunstaktion an der Biennale hat mich sehr inspiriert und bereichert. Sie hatte einen tiefen, guten Sinn – Memento Mori! Bedenke, dass du sterben musst! Schon als Kind hatte ich mich in das Thema «Sterben-Müssen» vertieft. Mit zwölf Jahren sah ich das erste Mal eine aufgebahrte tote Frau, das blieb mir ein Leben lang im Gedächtnis!

Vergänglichkeit und Ewigkeit wurden für mich angesichts einiger persönlicher Menschen- und Tierverluste und mit dem Älterwerden mehr und mehr zu einem bedeutenden und zentralen Kunstthema. Aus vielen Puzzlestücken wurde nach mehreren Jahren Schaffenszeit meine Ausstellung «Fragilità e Caducità» («Fragil und vergänglich») geboren. Und weil mir keine andere Stadt für das Thema so passend erschien, keine mich mit ihrer schön morbiden und melancholischen Seite so anspricht wie Bella Venezia, fand die Premiere von «Fragilità e Caducità» 2011 im Sala San Tomaso statt, dem Ausstellungsraum der Basilica Santi Giovanni e Paolo am gleichnamigen Campo …

Das Echo war, wie vermutet, themenbedingt kontrovers. Viele Besucher waren sehr berührt, und Einzelne suchten einen echten Dialog mit den Kunstwerken und der Künstlerin. Etwa die Hälfte dagegen ergriff jeweils nach wenigen Minuten hastig die Flucht. Zahlreiche Leute hatten augenscheinlich Schwellenangst. – Nein, der Tod ist kein Zeitgeist-Thema, das war mir von der ersten Idee bis zur Umsetzung derselben voll bewusst. Genau deswegen fühlte ich mich in-

spiriert, das tabuisierte Thema als Wagnis und Herausforderung zu sehen ...

Am Ende eines spannenden Ausstellungstages sprach mich ein betagter Herr sehr aufgewühlt an, nachdem er ausgiebig meine Arbeitsmappen angeschaut hatte. Im Gespräch verriet er mir, er sei selbst ein bildender Künstler. Dann sprudelte es aus ihm heraus: «Ich mag Ihre anderen Werke mehr. Weil dieses Thema Fragilität und Vergänglichkeit die Wahrheit ist – und die ist schrecklich!»

Spätabends auf dem Weg zu unserer Unterkunft dachte ich noch intensiv über den Nachklang dieser Worte nach. Ich schaute mir *bewusst* die Brücke an, die ich gerade überquerte, und versank ganz tief in mein Inneres. Nein, sagte ich mir, für mich ist es *nicht* schrecklich, sterben zu müssen! Ich gehe eines Tages, wenn Gott mich ruft, nur auf die andere Seite – auf die Seite des eigentlichen Seins. In des Ewigen Arme. Vollendet. Glücklich. Erlöst und schwerelos ...

Bald

*Bald ist dein Herz vertan –
allem entbunden!
Was fängst du jetzt noch an
mit deinen Stunden?*

*Rose Ausländer
(aus: «Wir ziehen mit den dunklen Flüssen»,
Fischer, Frankfurt am Main 1993)*

Gedankenspaziergang:
Türen & Sterben

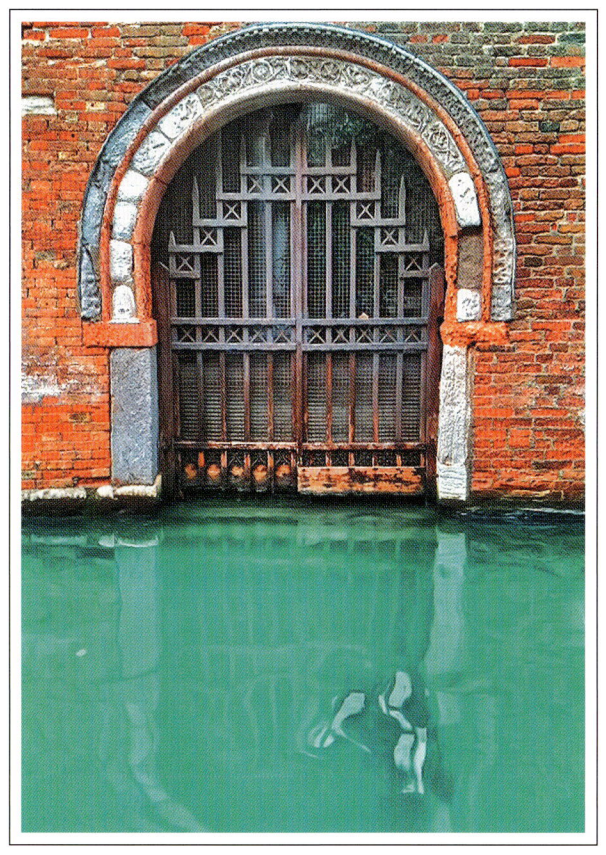

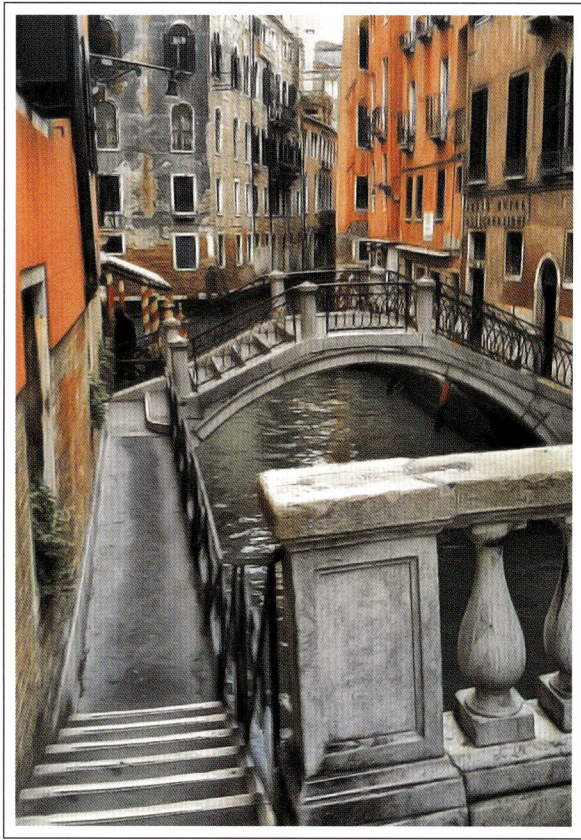

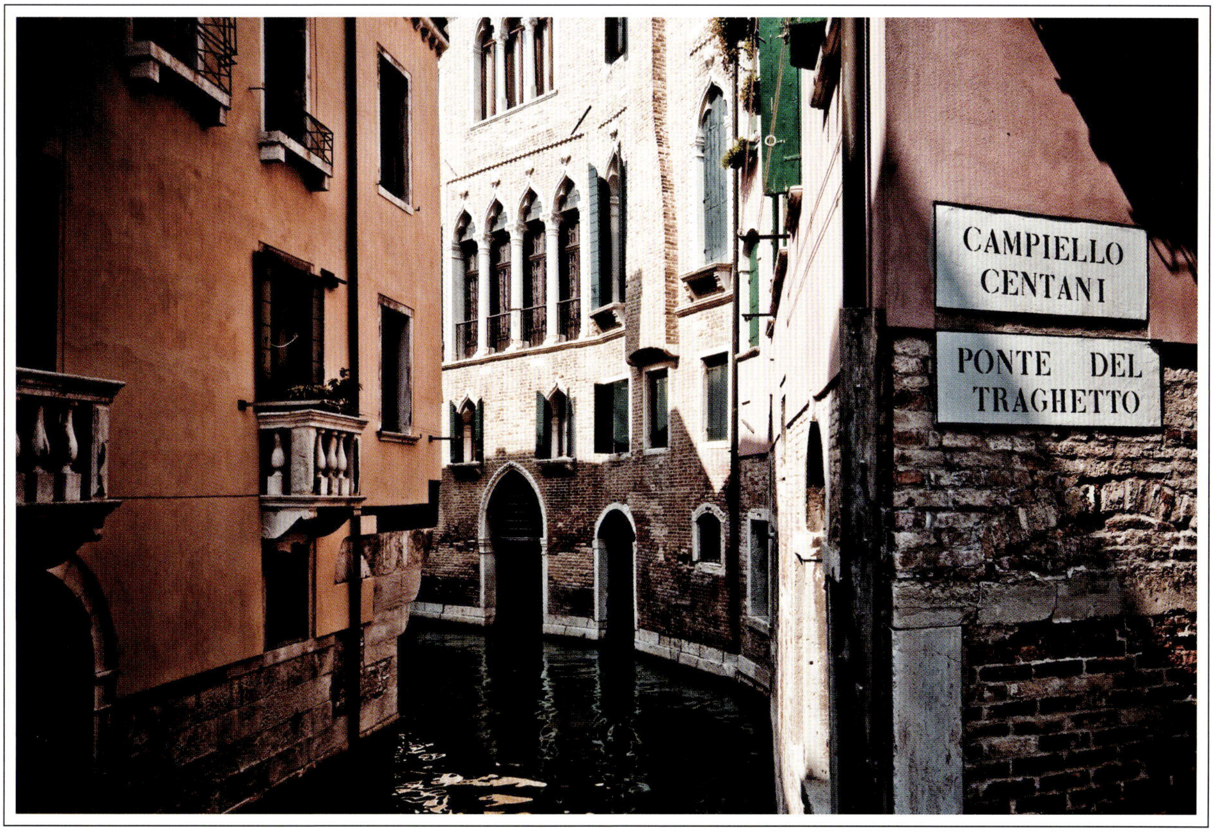
CAMPIELLO
CENTANI
PONTE DEL
TRAGHETTO

«Exit» – Yoko Onos Hoffnungsbäumchen auf der Biennale

In Venedig bleiben wir oft vor einer der schönen alten Türen mit Patina stehen, fasziniert von ihrer sichtbar langen Geschichte. Meistens ist an solchen fast gemäldeähnlichen Türen noch ein antiker Knauf dran, der für sich allein betrachtet schon ein kleines Kunstwerk darstellt: ein stolzer Löwenkopf, ein Mohr, ein anmutiger Ägypter oder ein Fabeltier. Diese Türen wecken in mir oft eine große Neugier: Was wäre dahinter wohl zu sehen? Ein schöner Hinterhof mit exotischen Blumen und einer selig schlafenden Katze im Schatten? Oder ein geräumiger Flur mit schweren, dunklen, wurmstichigen Holzbalken an der Decke, so typisch für Venedig? Und dann immer wieder die große Frage: Lebt in dem Haus mit der schönen vierstelligen Hausnummer jemand, der da beheimatet, verwurzelt, angekommen ist?

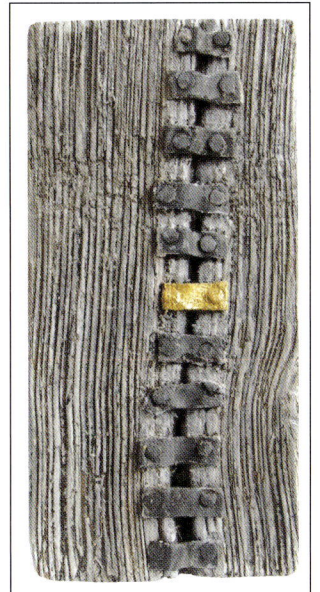

Im Laufe unseres Lebens gehen wir durch viele Türen. Manche Türen führen uns unverhofft weiter auf dem langen, mosaikartigen Lebensweg. Andere scheinen manchmal vielversprechend und erweisen sich dann doch als undurchschreitbar; da ist kein nächster Schritt möglich, kein Entwicklungsraum vorhanden, es gibt keinen Weg dahinter – manchmal höchstens noch den letzten Weg …

Vor Jahren war ich bei einem nahen, jungen Familienmitglied im Krankenhaus dabei, als wir alle vom bald bevorstehenden Abschied wussten. Da war der Gang durch die große Krankenhaustür unendlich schwer und belastend. Das bewusste Abschiednehmen mit gerade mal 28 Jahren erlebte ich in vielen Facetten. Die bedeutendste war diese: Das Geschehene und Erlebte hat mich verändert! Noch intensiver als davor wurde mir die Einzigartigkeit jedes Menschen bewusst, seine Schönheit, aber auch der Schmerz des Unvollendeten in der Lebensblüte. Mir wurde die Nichtigkeit der Besitztümer im ausweglosen Todeskampf vor Augen geführt; die Trauer eines Liebespaares im unausweichlichen Abschied. Und über allem dennoch … der tiefe Frieden. Mitten im Tod.

Vor ein paar Jahren sahen wir auf der Biennale in Venedig eine sehr gelungene Installation von Yoko Ono mit dem Titel «Exit». In einem Wäldchen waren zahlreiche helle Särge nebeneinander aufgestellt, physisch greifbar. Im oberen Teil der Särge war überall ein Ausschnitt hineingearbeitet, aus dem jeweils ein junges, schön gewachsenes Olivenbäumchen herauswuchs … Diese künstlerische Glanzleistung berührte mich sehr tief. In den Gesichtern einiger Besucher meinte ich allerdings eine gewisse Berührungsangst wahrzunehmen.

Für mich waren die einzelnen Särge nahezu unsichtbar, unbedeutend. Sie waren Vergänglichkeitsmaterie, der letzten Auflösung preisgegeben. Mein Blick flog beschwingt zu den saftgrünen Olivenbäumchen, die sich so lebendig-triumphierend dem Sommerhimmel entgegen streckten – als Verheißungssymbol des gänzlich *neuen* Lebens.

Nachtstille

Nachtstille
jemand ist geboren
jemand ist gestorben
zwischen Stern
und Kreuz
haben viele
nie gelebt

Kapitel 9
Gedankenspaziergang:
Der Himmel

Nachthimmel

Noch reisemüde, aber glücklich sind wir durch die schummrigen venezianischen Gassen zu «Sandras B&B» gelaufen. Um uns herum – nur Stille. Nacht voller Geheimnisse; Einsamkeit, die nicht einengt, nicht erschreckt. Hier denke ich mehr denn je an den Ursprung allen Seins. An den majestätischen Schöpfer des Universums. An seine erstaunlichen Wunder-Werke.

Alle Schönheiten dieser einzigartigen, nahezu unwirklichen Stadt – es gäbe sie nicht ohne Seinen alles übersteigenden inspirierenden Geist.

Und uns – auf Traumpfaden Reisende, mit noch ungeschriebenen Lebensbuchseiten – gäbe es auch nicht.

Habe ich mich jemals zuvor beim Anblick eines Nachthimmels so sehr über das eigene Dasein gefreut?

Und morgen – ist ein neuer Tag.

Der Schokoladenhimmel

Nach einem ereignisreichen Dezembertag schlenderten wir, ein wenig verlangsamt und mit fallendem Blutzuckerspiegel, durch Venedigs Stadtteil San Polo. Nichts Herausragendes mehr erwartend, waren wir gedanklich hauptsächlich mit dem einen simplen Gefühl konfrontiert, das der Mensch kaum ignorieren kann: Hunger!

Und welch ein glücklicher Zufall: Wenige Minuten später sprang uns ein Schaufenster-Schlaraffenland mit feinsten, handgemachten, exquisiten Süßigkeiten an. Es war ein kleines, märchenhaft schönes Schokoladengeschäft mit dem ausgefallenen Namen «Cioccolateria VizioVirtù». Magnetisch angezogen von den sehr phantasievoll präsentierten und köstlich aussehenden Pralinen und anderen Süßigkeiten und aufgrund der Aussicht, dass wir – inzwischen ziemlich durchgefroren – bald eine echte heiße Schokolade zu trinken bekämen, gingen wir mit schnellen Schritten hinein.

Die Vielfalt der süßen Versuchungen, schön angeordnet in offenen Glasvitrinen, war unglaublich! Ausgefallenste Schoko-Träume und Meister-Kreationen lockten mit der beinahe hörbaren, verführerischen Aufforderung: «Prendi me! Koste mich!» Die Qual der Wahl war groß ... Zu gerne hätten wir von all den Süßigkeiten etwas probiert ... Wir entschieden uns deshalb dafür, uns hier und jetzt etwas Zeit zum Genießen zu gönnen. Ich nahm sehr froh Platz in einer gemütlichen kleinen Ladenecke, auf dem einzigen Sitzbänkchen, das erfreulicherweise gerade frei war. (Wie gut, dass

zu der Zeit keine anderen Schoko-Fans da waren, angelockt von dem unwiderstehlichen, sehr individuellen Schaufenster! Venedig im Winter hat ein paar Vorteile!)

Wir bestellten eine sensationell schmeckende, vor unseren Augen von Hand aus echter Schokolade zubereitete heiße «Cioccolata calda»,

und jeder wählte sich dazu ein paar ausgefallene Pralinen aus. Die heiße Schokolade schmeckte unbeschreiblich gut, absolut *schokoladig*. Sie war sehr cremig und dick, machte schön satt und half uns – nach dem stundenlangen Schlendern durch die Serenissima – beim Überwinden unserer Mattigkeit. Während ich das wundervolle Energiegetränk Schluck für Schluck genoss, blätterte ich die vielen Seiten des schönen Gästebuchs dieser Cioccolateria durch. Da konnte man unzählige liebevolle, witzige und originelle Widmungen lesen. Wahrhaftig zutreffend fanden wir sie alle, nachdem wir auch die Pralinen gekostet und ausnahmslos bis zur letzten Sekunde genossen hatten.

Auf einer einzelnen Gästebuchseite blieb mein Blick schließlich besonders hängen: «Heaven is on the earth. Here.» Dieser Satz, von einem begeisterten Gast aus China niedergeschrieben, entlockte mir ein zustimmendes Lächeln. Mag Venedig von einigen Besuchern auch manchmal völlig anders wahrgenommen worden sein – zu voll, zu teuer, zu melancholisch, zu trist, völlig überschätzt –, so ist unsere eigene Erfahrung dieser Stadtperle doch vielfältig eine andere, eine wunder-volle! Wir haben während der fast zwei Jahrzehnte als Venedig-Liebhaber wirklich Wunderbares erlebt. Wir haben von manchem geträumt, was in Venedig auf das Schönste zur Realität wurde. Wir sind auf vielen Traumpfaden gegangen, und wir finden, dass sich jede einzelne, durch lange Serenissima-Spaziergänge bedingte Blase an den Füßen angesichts der vielen freudvollen, unwiederholbaren Erfahrungen ganz gewiss gelohnt hat!

In dieser rätselvollen, vergänglichen, leidvollen Welt der uns ständig herausfordernden Veränderungen bleibt Venedig unser vertrauter, wesensverwandter, inspirierender, beglückender, Ruhe verströmender Seelenhafen. Unser Liebesfrühling mit seinem einmaligen Schokoladenhimmel …

Nur der echte – göttliche – Himmel wird *noch* schöner sein!

Stadt der Liebenden

Stadt der Liebenden
Stadt der Sterbenden
Zeitlos
Leise
Des Himmels Stadt

Gedankenspaziergang:
Die Gnade

*Ewige Stille
durchflute mich*

*in schwanenweißes Federnkleid
und weise Gedanken*

Mein Venedig versinkt nicht

Und wieder Warnsirenen. Hochwasser! Die Bewohner Venedigs bleiben dabei sehr ruhig. Sie tun das Notwendige, um bestmöglichen Schutz zu haben. Dazu gehören auch hohe, bunte Gummistiefel, wie man sie in dieser Vielfalt nirgendwo sonst zu sehen bekommt. Und eine große Gelassenheit, denn: Auch diese Flut geht vorüber! Ebbe und Flut. Gezeiten des Lebens. Manchmal kommt uns das Wasser bis zum Hals, manchmal noch höher. Dann sind Wunder nötig. Gebete. Vertrauen. Gnade. Venedig ist viele Jahrhunderte lang nicht in den Fluten untergegangen. Wir gehen auch nicht unter. Manchmal sind Gottes Hände in letzter Minute da, um uns aus den Fluten herauszuziehen.

Niemalsmehr

*Abendglut
der Tag nimmt Abschied
Beflügelt versinkt die Zeit
im Meer des Niemalsmehr
Ein Hauch der Tag
ein Vogelflug
Zucker auf Wermut
Heilende Stille
Leuchtende Gnade*

Gedankenspaziergang:
Die Ewigkeit

Stilleoase –
alles geordnet
außen … tief innen …
zeitlose Leichtigkeit
vergessene Schwere
himmlischer Zuspruch
der siebte Tag
ich ruhe …

Der schönste aller Laute
im Innersten vernehmbar
funkelnder Diamantglanz
entlang der Herzkammer
im lauten Jetzt
der süße Stillekelch –
ein Ewigkeits-Raum …

Die nächtliche Gondelfahrt

Wenn man glücklich ist, scheint die Zeit noch viel schneller zu vergehen als an den anderen Tagen ohne besonders erinnerungswürdige Höhen ...

Der Abend war schon vorgerückt. Sanft kam er dahergeflogen und erinnerte mit seiner frühlingshaften Anmut eher an laue Mainächte als an den späten September ... Voller ungeduldiger Neugier folgten wir einer liebevollen Einladung von Freunden zu einer gemeinsamen nächtlichen Gondelfahrt durch Venedigs Kanäle. Besondere Vereinbarung: keine Fotos, kein Handy, keine Gespräche, kein Gondoliere-Gesang!

Es war ein sternenvoller Sommerhimmel, angenehm warm. Hinter uns ein netter, junger Gondoliere: Francesco, der «Kapitän». Um uns herum eine unbeschreibliche Stimmung. Man hörte jeden Tropfen Zeit watteweich – ganz leise – ins Meer fallen ... Wir fuhren still und schweigend – zu Augen geworden, nur zu Augen – durch die engen Gässchen, die oft nur mit einem kleinen Lämpchen

unter einer Brücke beleuchtet wurden. Es war eine schwebende Stunde, jenseits der realen Welt. So leicht, so losgelöst von jedem Lebensballast habe ich mich in Venedig wohl nie zuvor gefühlt.

In manchen Häusern am Kanal brannte noch vereinzelt Licht; man sah hinein, ein Ausschnitt, ein paar Sekunden nur vom echten venezianischen Leben, das so anders und nahezu «außerirdisch» am Wasser stattfindet. Ich hätte endlos weiter durch die mystische Nacht gleiten können – schauen, was außen geschieht, wenn nichts geschieht, und dabei den wenigen Geräuschen lauschen; nur das plätschernde Wasser wahrnehmen und diesen einen schimmernden Gedanken fühlen: Das Leben ist ein Traum. Eine Erfüllung. Ein Gedicht. Ein himmlischer Kuss! Nicht dran denken, wie schnelllebig und fragil diese besondere Stunde ist. Sich fühlen, als wäre das alles schon Ewigkeit ... Ein Vorgeschmack des Ewigen war es für mich bereits.

Seidenleicht

*In Stille versunken
werde ich ein Teil
des Mondes
verschmelze mit dem Schimmer
des Augenblicks
der seidenleicht
nichts ersehnt
nichts vermisst
und zärtlich das Weltall umarmt*

*Schwerelos bin ich
ein junger Adler
der schwebend
die ganze Erde umspannt
der keine Tode kennt
den Augenblick zur Ewigkeit macht*

Mein Himmel ist wolkenlos …

Sternschnuppe

*Wenn du mich rufst
Schwebe ich davon
ich werde
eine glühende
Sternschnuppe sein
wenn du mich
berührst*

*Ewig
Schillernd
Golden*

Gedankenspaziergang:
Wünsche & Träume

Wovon wir träumten
Venedig …
Zeit …
Zeit für Zeitlose
Sternstunden-Zeit
und wir träumten
für einen schillernden Moment

Die donnernde Eisdiele
und eine unerfüllte Sehnsucht

Spät an einem kühlen Septemberabend reihten wir uns in eine lange Schlange vor der Eis-Theke ein. Wir kamen jeden Abend nach einem langen Ausstellungstag an der herausragendsten Eisdiele Venedigs mit dem seltenen Namen «GROM» vorbei, welche nur mit reinen Naturzutaten sehr verlockende, außergewöhnliche, absolut gaumenkitzelnde Eis-Hits herstellt.

An dem vorübergeeilten Tag war mein Befinden nicht optimal gewesen. Die Besucher meiner Ausstellung waren entweder nur kurz und hektisch (also ohne tiefere Auseinandersetzung) an den Werken vorbeigelaufen. Oder sie kamen erst gar nicht rein, nachdem offenbar der Titel der Ausstellung, «Fragil und vergänglich», abschreckend wirkte. Allerdings, es gab immerhin auch die dritte Sorte: Manche blieben in einer themenbedingt kontroversen Diskussion mit mir so lange da, dass sie geradezu die Zeit vergaßen ...

Als wir den Ausstellungsraum endlich schließen konnten, freute ich mich auf dem Weg zu unserem B&B auf unsere tägliche Belohnung: Eis von GROM! Obwohl Geduld keine Stärke von mir ist und lediglich beim Malen überhaupt zutage tritt, ließ ich mich von Georg überreden, geduldig in der langen Schlange zu warten, bis wir drankamen ...

Die Entscheidung, welches Eis wir an dem Tag probieren wollten, war schwer. Da standen viele uns gänzlich unbekannte Sorten und raffinierte Wortfusionen auf der großen Tafel. Und alles nur auf Italienisch. Georg, ein absoluter Eisgourmet, wollte eines mit einem ausgefallenen Namen. Ja, diese Sorte klang so extravagant, die wollten wir jetzt einfach probieren! Selbst ich, die ich frisches Obst oder Fruchtsalat dem Eis eher vorziehe, freute mich auf das so vielversprechende, kühle Spätsommer-Vergnügen.

Neben dem Eisnamen «Fico bianco» stand das uns noch unbekannte Wort «Esaurito» auf der Tafel. Als Georg sein Feigeneis bestellte, sagte er deshalb voller Vorfreude und Neugier: «Un gelato Fico bianco Esaurito, per favore!» Die Bedienung – eine echte Dame, wie sich herausstellte – blieb ganz ruhig und ganz bei sich. Sie antwortete ohne eine besondere Gesichtsmimik: «No, e esaurito.» In dem Augenblick wurde mir ziemlich klar: Das muss «ausverkauft» bedeuten. Ausverkauft? Ja – ausverkauft! Auch Georg dämmerte es langsam, dass ausgerechnet neben dieser einen Sorte, auf die er sich den ganzen Tag lang so gefreut hatte, das Wort «ausverkauft» stand! Alle Sorten waren noch da, nur sein weißes Feigeneis nicht!

Trotzdem gingen wir hinterher dank einiger alternativer Eissorten ganz getröstet hinaus; Eissorten, die ebenfalls traumhaft geschmeckt haben. Draußen angekommen, mussten wir dann schallend lachen. Man erlebt es nicht so oft, dass man selbst zu einer lustigen Figur wird, indem man etwas bestellt, was ausgerechnet *nicht mehr* vorhanden ist und *nicht mehr* bestellt werden kann!

Nach der erheiternden kleinen Sprachkrisen-Episode im «GROM» (in Kroatien bedeutet das Wort übrigens Donner, und irgendwie passt das ganz positiv zu dieser Eis-Theke) wurde mir in verschiedenen Zusammenhängen bewusst, wie oft es im Laufe eines Menschenlebens ein «Ausgegangen – nicht mehr vorhanden» gibt! Anders als die Eissorte, die man ja schon am nächsten Tag wieder bekommen konnte, gibt es in jedermanns Leben irgendwo ein «Esaurito». Und das oft auf eine ziemlich schmerzliche Weise.

Als wir unser Eis, auf das wir uns 24 Stunden lang so gefreut hatten, nicht mehr kriegen konnten, dachte ich enttäuscht: «Musste der so anstrengende Tag also mit einem weiteren Defizit enden ... Andere haben das weiße Feigeneis noch bekommen, vielleicht bis zwanzig Uhr. Wir aber kamen erst kurz vor 22 Uhr vorbei, weil es vorher einfach nicht möglich war. Und nun hatten wir kurz vor der Schließung eben Pech.»

Natürlich war diese Art von temporärer Enttäuschung sehr geringfügig gegenüber all den großen, begehrenswerten Dingen, die uns auf dem Lebensweg als riesige Träume er-

scheinen, die aber – manchmal völlig unvorbereitet – zerplatzen und uns sehr verwundet zurücklassen können.

Mit siebzehn Jahren glaubte ich, dem Mann meines Lebens begegnet zu sein, und war sehr verliebt ... Mehr noch: unsterblich verliebt. Plötzlich und sehr unerwartet gab er unserer Beziehung aber keine Chance mehr; er sei so fasziniert vom Priesteramt ... Als ich ihn fragte, ob er einen inneren Ruf gehört hätte, verneinte er. Es sei eher die Macht, die ihn anziehen würde. Für mich zerbrach eine ganze Welt doppelt. Ich wollte mich lange nicht mehr verlieben. Oder besser: nie mehr! (Zum Glück überwand ich das tiefe Tal nach drei Jahren.)

Im Laufe meiner letzten zehn Jahre begegnete ich vielen Menschen, die sich mit tiefen Lücken im Leben herumschlagen und Wunden kurieren möchten, die kaum mehr heilen wollen. Darunter sind Leute, denen die gute Position im Beruf «ausgegangen» ist. Esaurito! Sie bewerben sich, werden dann aber trotz bester Qualifikationen doch nicht genommen. Jüngere machen das Rennen. Daneben gibt es die Zeitgeistmenschen, die aufgrund der überschrittenen Zahl 40 zunehmend die Krise des Älterwerdens durchmachen und ihrer Jugend nachtrauern, die sich so furchtbar schnell verabschiedet hatte. Die Jugend – betörend schön und doch flüchtig wie ein Hauch –, sie scheint *das* Dauerthema der heutigen Medien zu sein. Das Älterwerden mit seinen natürlichen Zeitspuren wird als ein Problem bekämpft, mit allen verfügbaren Mitteln.

Wir machen uns vor, jahrzehntelang jung sein zu können. Obwohl die biologische Uhr nicht zurückgedreht werden kann, sondern stetig weitertickt, gleichgültig wie jugendlich jemand noch aussehen mag. Die Lebensspanne wird stündlich immer kleiner, und jedermanns Lebensuhr bleibt unausweichlich einmal stehen. Das Glück, *das* Thema des Menschen überhaupt, scheint vielen Menschen in zahlreichen Facetten ein Leben lang auszugehen. Esaurito!

Die einen scheinen zwar das große Los gezogen zu haben. Da scheint alles rund zu laufen: die Arbeit, die Partnerschaft, die Finanzen, die Sicherheiten, die Gesundheit. Andere aber haben wegen der harten Familienverhältnisse schon in der Kindheit nur wenig gute Chancen; sie kommen zu kurz oder sind von Geburt an krank. Oder die Kräfte verlassen sie schon in der Blütezeit ihres Daseins, und ihre kostbaren Jahre scheinen viel zu schnell «vergriffen». Esaurito!

Einige finden scheinbar mühelos den richtigen Partner fürs Leben. Viele dagegen leiden unter dem ungewollten Single-Dasein. Esaurito?

In meinem Leben ist auch einiges sehr anders gekommen, als es in meinen schillernden Jugendträumen ausgesehen hat. Auf mancher Strecke, die mir unterwegs großartige, nie versiegende Quellen verheißen hat, blieb ich nur durstend – ja fast verdurstend – zurück.

Vielfach kam einfach das Leben dazwischen ... Und es vernichtete so manche schöne Vision, ganz nach John Lennon, der treffend gesagt hat: «Das Leben ist das, was passiert – während du eifrig dabei bist, andere Pläne zu machen.» Als ich im September 2008 genau in der Woche des großen

Finanzcrashs meine erste Ausstellung in Venedig hatte, spürte ich so richtig hautnah, wie erschrocken und verunsichert die Menschen auf das Ende ihrer vermeintlichen Finanzsicherheit reagierten. Manche standen lange und sehr angetan vor den einzelnen Originalwerken – und entschieden sich am Ende doch für einen günstigen Druck!

Da musste ich, reflektierend wie so oft, an meinen weisen, lieben Opa denken, der mir einmal gesagt hatte: «Kind, nichts ist sicher, nur dass wir sterben müssen!» Damals, im Teenageralter, erschien mir diese Tatsache ziemlich unvorstellbar. In meinem kraftstrotzenden Lebensdrang, voller Erfahrungshunger und mit einem vor Träumen überquellenden Kopf, dachte ich: «Sterben? Das ist doch mindestens so weit entfernt wie der Mond!» Als ich aber die Fünfzig überschritten hatte, erschien mir der Abschied von der Zeit viel realer und näher, auch versöhnlicher als in der rauschhaften Ju-

gendzeit, in der ich das Leben als ein Fest glorifizierte und sein unabwendbares Ende leichtsinnig ignorierte.

Rückblickend sehe ich in meinem erlebnisreichen, wechselvollen Leben einige gelebte Träume – gleichzeitig aber auch genauso viele unerfüllte Sehnsüchte. Es gibt vertrocknete Knospen, die nie erblüht sind. Auch Dornen, mit denen ich inzwischen ein versöhntes, friedvolles Leben führe. Bis es allerdings so weit war, hat es lange gedauert. Erst mit «über fünf Jahrzehnten» erreichte mich der weise Gedanke von Ralph Waldo Emerson: «Für alles, was du verloren hast, hast du etwas gewonnen.» Ein Satz, den ich dann endlich auch leben konnte. Und zwar ganz! Ich möchte einen echten Frieden schließen mit allem Rätselhaften, was war. Und mit allem, was vielleicht noch kommen wird. Ich möchte ein Ja finden zu der Wirklichkeit, die Gott mir besonders in dem Schmerzvoll-Unveränderbaren zumutet.

Nicht das bequeme Leben möchte ich leben, sondern das Herausfordernde bejahen. Mit all den Brüchen, Beulen, Druckstellen und Narben, die meine Seele auf der holprigen Wegstrecke davontragen mag.

Ich werde, wie alle Bewohner dieses Planeten, nie alles vom Leben erhalten, was die Realisierung und Erfüllung all meiner Träume bedeuten könnte. Es wird auch weiterhin noch einige «Esauritos» geben auf der langen Leiter bzw. dem Aufstieg in den Himmel. Ich möchte nicht ermüden und ermatten, sondern aufrecht meinen ganz persönlichen Weg in der so oft lauten, chaotischen, sehr fordernden

Lebenswerkstatt weitergehen. Am Ende meines Lebens möchte ich zurückblicken und dankbar sein, vor allem auch für all das, was ich nicht wie ein überverwöhntes Kind von meinem Vater immer gleich bekommen habe. Denn die Lücken in meinem Dasein wurden bisher einige Male mit viel wertvollerem Inhalt gefüllt, als ich mir das zuvor angesichts meines nur allzu menschlichen Kurzzeit-Blickfelds je hätte vorstellen können.

Das Leben ist für mich wie Venedig: eine vielschichtige, fortwährende, wechselvolle, großartige Überraschung! Eine Überraschung, der ich nicht verunsichert oder angstgesteuert, sondern gerade auch in all dem Fragmentarischen, Unvollendeten oder nie Erlebten vertrauensvoll und liebend begegnen will. Ganz nach dem brillanten Rat von Leo Tolstoi: «Liebe deine Geschichte, denn das ist der Weg Gottes mit deiner Seele.»

Gedankenspaziergang:
Katzen & Bücher

*Staunen zu können
ist eine Form,
das Leben
in seinen
vielen Gestalten*

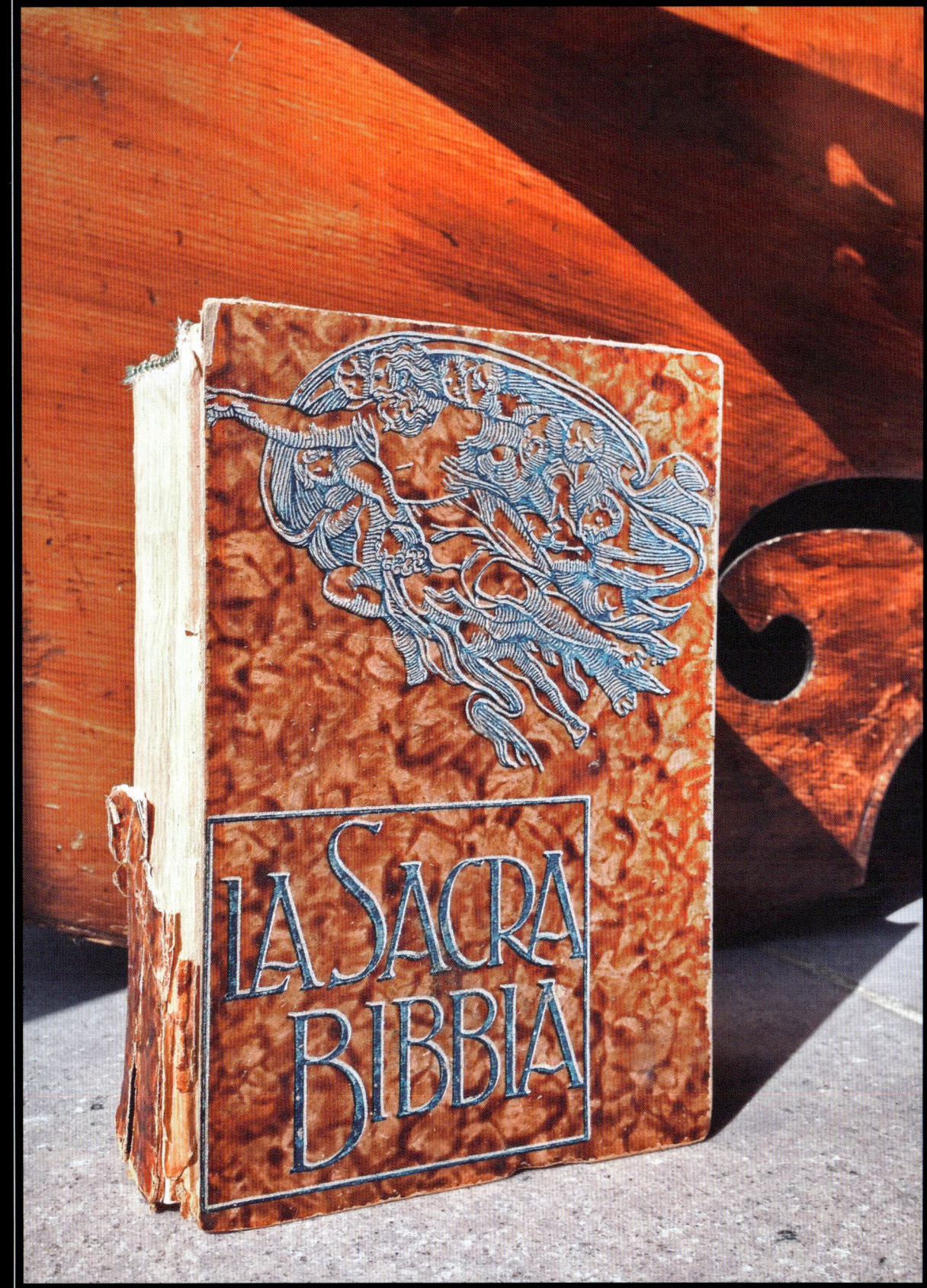

Acqua Alta – das Bücherparadies mit Katzenbewohnern

Das Venedig, das ich innig liebe, hat viel mit stillen, sinnlichen Erlebnissen zu tun ... mit dem Eintauchen in verewigte Worte und Gedanken, die mich begeistern, inspirieren, erheitern oder ins Nachsinnen bringen ... mit reichlich Zeit zum Betrachten schöner Bildbände ... mit dem Verweilen in einer der vielen edlen Papeterien, dem Bewundern und Aussuchen von schönem handgeschöpftem Papier und den daraus gestalteten einzigartigen Dingen ... oder damit, ganz unerwartet in einer schmalen Gasse einem herzerwärmenden zahmen Tiger zu begegnen, sich von ihm neugierig beschnuppern lassen, ein katzenartiges «Mi piaci! Ich mag dich!» zu empfangen (indem er sein Köpfchen schnurrend an mich schmiegt), das seidige Fell zu streicheln und in Sekundengeschwindigkeit einen neuen, kleinen, wunderbaren Freund zu gewinnen ...

Bei jedem unserer Venedig-Besuche der letzten Jahre stellten wir allerdings melancholisch fest: Die Katzen werden in der Serenissima immer rarer! So richtig wissen wir den Grund nicht, warum wir immer seltener den zauberhaften Vierbeinern begegnen. Wir vermissen sie zunehmend, denn für uns gehören die Katzen und die vielfältige poetische Stadtkulisse einfach untrennbar zusammen ...

Venedig ist ja die Stadt der Überraschungen. Nach jedem Besichtigungsspaziergang kommen wir erfüllt und von neuen Überraschungen verwöhnt zu unserem B&B zurück. Vor wenigen Jahren schlenderten wir etwa ohne jegliches Zeitgefühl durch den Stadtteil Castello. Plötzlich brachte uns ein handbeschriftetes Schild an einer Glastür zum Stehen. Schmunzelnd lasen wir: «The most beautiful bookstore in the world!» Natürlich wollten wir sofort wissen, was und

wer sich hinter dieser frechen, ungewöhnlichen Behauptung verbarg. Interessant fanden wir auch den Namen des Buchladens: «Acqua Alta» («Hochwasser»). Nichts Außergewöhnliches für die überschwemmungsresistente Stadt Venedig, gewiss – aber wie passen Bücher und Hochwasser zusammen?

Sehr neugierig betraten wir den Buchladen. Was sich uns da offenbarte, erfordert definitiv Chamäleon-Augen; aber die hat der Mensch nun mal leider nicht! Die Platzierung mancher Bücher glich einer Kunst-Installation: Mitten im Eingangsraum steht eine vor Büchern überquellende meterlange Gondel ... Drei ausrangierte, an den Füßen verrostete Badewannen lassen ganze Büchertürme in sich ruhen ... Man sieht Bücher auf Fensterbänken, auf Stühlen, in Kisten, vor der Tür, auf zahlreichen Tischen, in Regalen ... Unendliche Bücherreihen mit wunderschönen, von den Spuren der Jahrzehnte gezeichneten Rücken, manche leicht modrig duftend, verblichene Zeiten aufleben lassend ... durch viele Hände gegangen ... manch einem Mensch Freund gewesen ... Bücher, die man mit Herzklopfen berührt: betagt, kostbar, wunderschön, selten, aktuell, skurril oder vor Weisheit strotzend, manchmal ergänzt mit Cartoons, Fotos, Humorvollem, Künstlerpostkarten und vielerlei schönen Lesezeichen ...

Und als ob das alles nicht schon spannend genug gewesen wäre, staunten wir über mehrere Katzennäpfe, gefüllt oder halbleer und in die verrücktesten Ecken der Räume verteilt. Diven gleich sahen wir sie da sitzen, vor sich hin träumend oder neugierig schauend – acht echte, lebende Katzen! Manche lagen auf alten Postkartenstapeln, in kleinen Kartons oder auf Büchern und beobachteten unnachahmlich kat-

zenartig – geheimnisvoll und unübersetzbar – die hereinkommenden Besucher ...

Der hintere Teil des Buchladens liegt ganz romantisch-verträumt, aber eben auch extrem dicht am Kanal, was wohl zwangsläufig sehr schnell zum Namen «Acqua Alta» führte. Beim aufmerksamen Durchblättern der Bücher entdeckt man jedenfalls unübersehbar die Spuren des Wassers, verursacht von den vielen Überschwemmungen, die Venedig immer öfter heimsuchen.

Sehr schnell wussten wir dann auch, *wer* das alles hier ins Leben gerufen hatte: Luigi, der Inhaber des Bücherparadieses, spricht gut deutsch, so dass ich meine Fragen zu den persönlich ausgewählten Büchern nicht in einem unvollständigen, schüchternen Italienisch vorbringen musste. Luigi bedient seine Kunden aus aller Welt sichtlich begeistert, freundlich, mit Witz und nach meinem Empfinden auch eine Prise zu intensiv von Casanova inspiriert! Ein echter Italiener eben. Fasziniert hörte ich zu, als er erzählte, dass seine Katzen in dem Bücherladen nicht nur stundenweise verweilen, sondern jahrein, jahraus da wohnen! Die graziösen Katzen, jede eine Schönheit für sich, passen rundum zu der ausgefallenen Szenerie der außergewöhnlichen Ladenkulisse, die eher an eine Theaterbühne erinnert als an einen Buchladen.

Die Vierbeiner sitzen erhaben-elegant überall dort, wo sie die Lust und der Instinkt gerade hinführen, und beobachten nach Katzenart – lautlos, unaufdringlich, verstohlen, prä-

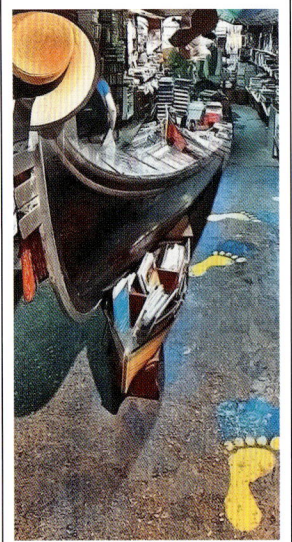

zise – noch im Halbdämmerzustand die unterschiedlichen Besucher. Zwischendurch versinken die sanften Stubentiger, vielleicht auch bedingt durch die Stille, für kurze Zeit in einen genüsslichen kollektiven Schlaf ... Höchstwahrscheinlich spüren sie mit ihren sehr sensiblen Antennen, dass sich bei den paar Bücherfreunden, die da eintreten, ein Kurzbesuch rund um die Beine überhaupt nicht lohnt. Der eine ist ein Hundenarr, der andere zieht Reptilien vor, und der dritte hat einen Vogel!

«Acqua Alta» ist, angesichts des etwas chaotisch-künstlerischen Ordnungssinns seines Besitzers, vielleicht nicht der schönste Buchladen der Welt. Aber der außergewöhnlichste ist er garantiert! Die zwei Räume, bis ins hinterste Eckchen gefüllt mit vielen Bücher-Raritäten und Unikaten plus einigen Kuriositäten, sind eine unendliche Augenweide, ja eine Spielwiese für alle Bücherbegeisterten. Am besten bringt man ganz viel Zeit mit zum Stöbern! Ein Besuch im «Acqua Alta» ist ein unvergessliches Erlebnis für alle glühenden Freunde des gedruckten Wortes. Ich hatte das besondere Glück, neben anderen wunderbaren Fundstücken eine sehr schöne italienische Bibel aus dem Jahre 1945 zu entdecken. Sie beinhaltete noch eine hübsche Überraschung: Zwischen den Seiten lag ein gepresstes vierblättriges Kleeblatt drin!

Wenn die Zeilen, die ich hier schreibe, auf dem Buchmarkt erscheinen, werde ich erneut in meiner Lieblingsstadt verweilen und leichten Schrittes neue Traumpfade gehen.

Vielleicht sitze ich gerade in unserem Lieblingsrestaurant «La Zucca» und genieße ein außergewöhnliches vegetarisches Menü, jenseits der klassischen italienischen Gerichte. (Nichts gegen diese, das sind auch echte Gaumenfreuden!) Für alle interessierten Leser: Unbedingt vorher einen Tisch reservieren, da man sonst keinen Sitzplatz bekommt. Denn das «La Zucca» ist sehr beliebt unter Fleischessern und (!) Vegetariern. Die Küche ist ein Hit und das Restaurant entsprechend voll.

Oder ich werde, wenn Sie das Buch das erste Mal in der Hand halten, an einem der vielen stillen, poetischen Plätze der betagten Ewig-Schönen verweilen und nachsinnen über das so wünschenswerte Älterwerden in Würde und Weisheit und somit auch – in absoluter Schönheit.

Vielleicht werde ich aber genau dann im «Acqua Alta» stehen und mich erneut an dem Bücher-Wunderland erfreuen und fieberhaft alle mir bisher bekannten italienischen Vokabeln aneinander reihen und ihren Sinn auf einem neugierig machenden Buchcover zu entschlüsseln versuchen ... Eventuell halte ich dann im linken Arm einen kleinen, aber feinen Bücherstapel – völlig entspannt, ohne jeden Zeitdruck –, und mit der rechten Hand streichle ich eine der schönen Katzen von Luigi.

Dann ruhe ich noch eine Weile im aufregendsten Bücherstrand Venedigs (meinem ganz persönlichen «Lido»!) und bade in duftenden Wortperlen ... mit sonnigem Gemüt, fernab aller Stürme und Überschwemmungen, fernab langer Schatten ... dem Himmel so nah! ... Denn der Zuversicht einflößende Titel des Buches, das ich zuletzt in «Acqua Alta» erstanden habe, ist zur Realität geworden: «Tutto è possibile» («Alles ist möglich»).

Das Leben ist ein Buch
Gott ist der Autor
die Zeit schreibt jeden Tag
eine neue Seite mit
der Mensch
darf es blättern
bestaunen
genießen
vollenden
über manches lachen
oder weinen

Jedermanns Leben
ist ein einzigartiges Buch
eines Tages wird es
leise zugeklappt
entziffert
die letzte Zeile

Gedankenspaziergang:
Zerbruch & Scheitern

*Das Scherbenjahr
vergeht
ich bleibe
verwundet
auf der Insel ... die ich
noch nicht bewohnte*

*Mein Blut – noch warm
die Hände leer
und offen für Wunder ...*

Faszination Glas
(oder: Leben mit Scherben)

Glas sieht man beim Schlendern durch Venedig fast überall. Glas in den vielfältigsten Formen und Farben. Als Kunstgegenstand, als Dekorationsobjekt, als Schmuck, als Miniatur.

Vor Jahren standen wir voller Staunen in einer Glasfabrik in Murano und schauten den Glasbläsern bei ihrer Arbeit zu. Nach einem so faszinierenden und informativen Erlebnis sieht man manche virtuosen Glasgegenstände mit ganz neuem Blick und Respekt vor dem Künstler. Die absolute Passion für venezianische Glaskunst begleitet mich von der ersten Reise nach Venedig an – bis heute. Unser schönstes Mitbringsel war bisher ein Glasluftballon, gestaltet von einem genialen venezianischen Künstler. Manche

unserer Besucher hielten das zarte, fliederfarbene, hauchdünne Objekt, das bei uns an der Wintergarten-Decke schwebt, für einen echten Luftballon! Für den Rückflug nach Deutschland wurde das hoch gefährdete Werk damals in mehrere Noppenfolien verpackt und in einen gepolsterten Karton gelegt. Dann durfte es als «besonderes Gepäck» mit ins Cockpit zu den Piloten ... Meine Freude daran ist immer noch ungebrochen. Jeden Tag sehe ich dank ihm ein Stück Venedig vor mir.

Ich sehe in dem Glasballon aber noch viel mehr. Und genau da verweilt meine innere Betrachtung. Gewisse Bilder kommen in mir hoch: Bilder über das Leben ... Ist es nicht wie ein viel zu kurzer Flug? Ist es nicht manchmal wie ein schnell platzender Traum, so hoch fragil wie der Ballon an der Decke unseres Wintergartens?

Glas ist *das* Material, mit dem ich mich am intensivsten identifizieren kann. Und zwar sowohl mit dem Feuer, in dem es vor dem Aushärten bei hoher Temperatur als flüssige

Masse geschmolzen wird, als auch mit dem Resultat dieser Arbeit: seiner Durchsichtigkeit, Klarheit und hohen Zerbrechlichkeit. Die volle Schönheit des Glases entfaltet sich ja erst, wenn sich darin das Licht bricht. Was aber, wenn es *zer*bricht?

In meinem Leben gab es reichlich Scherben-Zeiten, von frühester Kindheit an. Ich lernte, damit zu leben, auch im kreativen Sinne. Meine Seele lernte allmählich, über die Scherben zu laufen, ohne daran zu verbluten. Die Zerbruchphasen wurden zu meinem bedeutenden Lehrmeister, und weil ich das Leben bejahe und liebe, ließen mich gerade die schwierigen Lebensabschnitte über mich selbst hinauswachsen.

Von Scherben inspiriert, gestaltete ich mehrere Arbeiten mit Glasfragmenten, die ich am Rheinufer gefunden hatte; vieles davon war Schwemmgut. Ich sammle diese Fundstücke immer im Bewusstsein, dass man auch mit Bruchstücken etwas Schönes, Ästhetisches, Wärmendes schaffen kann und dass das *Ende* von etwas Kostbarem, Zerbrochenem unverhofft der *Anfang* für etwas völlig Neues, noch nie Dagewesenes werden kann.

Mitten in einer Zerbruchphase, in der ich mich selber suchte, vernahm ich einmal jenseits des Stofflichen leise Klänge aus der Himmelssphäre: «Lebe! *Mit* den Scherben! Sei dir täglich bewusst, wie kostbar dein Leben ist. Genieße jede Stunde, jeden Augenblick. Das Geschenk ist unwiederholbar. Lass in allem Unveränderbaren mein Licht hindurchscheinen; ein Licht, das alles überstrahlt. Sei das Wasserglas in der Wüste, der Sonnenstrahl im Finstern, der Regenbogen über der Landschaft! Scheine in ganzer Echtheit und Klarheit in eine Scheinwelt hinein.»

Sonntagsglocken

*Sonntagsglocken läuten
wem läuten sie
wer hört sie nicht mehr*

Gedankenspaziergang:
Die Stille

Himmelskind

*Barfuß
über eine Maiwiese laufen
das pulsierende Leben
spüren in tausend kleinen Sonnen
von allem losgelöst
nur SEIN
dem funkelnden Augenblick
zugewandt
ein Himmelskind
umgeben nur von Stille*

Das Nachtvenedig

Nach langen, erlebnisreichen, Freudenfunken versprühenden Tagen, wenn die Nacht das Zepter übernimmt, wird Venedig zu einem riesigen, von Poesie durchfluteten lebendigen Gemälde am Meer. Da wird die stille, menschenleere, träumende Serenissima unser schönstes Ruhekissen, gewebt aus Sternenglanz, Samt und Seide.

Leere Boote schaukeln schlaftrunken in sparsam erleuchteten Kanälen, sanft bedeckt von meinen selbstvergessenen Blicken. In den aufblühenden Minuten fühle ich nur einen einzigen, sich über allem Irdischen erhebenden Gedanken: «Gloria, Gloria, Gloria a Dio.» Und ich bin gewiss – dies ist das schönste Kapitel, das unser Lebensbuch-Autor schrieb. Die Vorstufe zur Ewigkeit. Unsere Lebensliebe!

Innerster Ort

Dein Name
mein himmlischer Ort

Ich suche deine Liebessprache:
die Stille …
Samtweich mein Herz
unbeschwert
und sommergoldenwarm

Noch lärmmüde
höre ich keinen Laut …
keinen Windhauch …
keine Schritte …
nur deine Stimme
brennende Sehnsucht
ewige Liebeserklärung

Endlich komme ich an
in der erhabenen
stärkenden
heiligen Stille
meiner Ruheinsel
innerstem Ort

Am Lido

*Lausche
der Maiwolke*

*Lausche der Sonne,
dem Zypressenschatten*

*Lausche den Steinen,
der lautlosen Katze*

*Lausche der Nacht,
lausche den Sternen,
lausche ihrem Funkeln*

*Lausche
dem Wunderklang
der Stille*

Gedankenspaziergang:
Flügel & Brücken

*Mit Dir kann ich Neues wagen
meine Grenzen überschreiten
mich weiten lassen
mit Dir kann ich
hoch hinaus fliegen
Abstürze überleben
und daran wachsen
zu DIR hin …*

*Unter dem Immerschutz
Deiner Flügel
als Dein
einmaliges Geschöpf
leben
noch fragil
und vergänglich*

Von Brücke zu Brücke – zwischen Geist und Materie

In Venedig darf man nicht bequeme Füße haben, denn viele Wege kann man nur zu Fuß gehen. Aber das sind gerade die schönsten Wege! Nach einer Vaporetto-Fahrt geht man wieder zu Fuß – von einem Viertel zum nächsten, von einer Gasse in die andere, und ständig überquert man dabei Brücken. Hat man etwas Zeit und Muße, währenddessen die Passanten zu beobachten, wird einem ein sehr dynamisches und schönes Bild geboten, das man nicht mehr so leicht vergisst: Da gehen betagte Menschen ganz selbstverständlich über die abgetretenen, steilen Treppenstufen einer Brücke, es werden meterhohe, vollbepackte Transportkarren geschickt über die Stufen gezogen, gefolgt von Müttern mit Kinderwagen und schwebend davoneilenden, modisch gekleideten Teenagern und Leuten aller anderen Altersschichten, die hier bewusst oder unbewusst einem Ziel folgen.

Ich genieße es sehr, auf einer der vielen schönen venezianischen Brücken zu stehen, in stillen Vierteln die ruhenden, bonbonfarbenen Boote am Kanal zu betrachten, dem leise plätschernden Wasser zu lauschen, Spiegelbilder der absoluten Ruhe anzuschauen und zu erspüren, was sich dabei in mir selbst widerspiegelt.

Brücken verbinden und tragen. Ich habe noch keine Brücke überquert mit der Angst, dass sie zusammenbrechen könnte. Ich habe das feste Vertrauen, dass jede Brücke absolut sicher ist.

Zeiten, in denen ich ganz für mich persönlich schmerzliche Ereignisse *über*-brücken musste, kamen mir diesbezüg-

lich oft ganz anders vor. Da waren Zweifel und Sorgen viel vordergründiger als das Vertrauen.

Eine bestimmte innere Brücke zu überqueren, hat mich einige Male alles gekostet, was ich überhaupt nur zu geben hatte; und dennoch war es nicht genug, denn auf der anderen Seite wartete nur eine brückenlose Ferne auf mich. Zu meiner großen Überraschung wurde noch eine vermeintlich intakte Brücke in meinem Leben unerwartet gesprengt. Ich befand mich plötzlich in tosenden Fluten des Unheils und suchte verzweifelt nach dem Sinn des Ganzen.

Im Jahr 2008 wurde in Venedig die hochmoderne, umstrittene Calatrava-Brücke fertig gebaut, für viele Venezianer ein Stein des Anstoßes, aus ihrer Sicht niemals der millionenhohen Investitionen wert. Sehr neugierig näherten wir uns, im gleichen Jahr, der architektonischen Glanzleistung. Ich überquerte die Brücke Calatravas nach einer geglückten ersten eigenen Ausstellung in der Serenissima, als Abschluss einer gemeinsamen Foto-Tour durch Venedig – und das mit echten venezianischen Flügeln in der Hand ...

Diese Flügel, ein prachtvolles Fundstück, erblickte ich im Jahr 2006 zufällig beim Schlendern im Stadtteil Castello, mitten auf der Straße, in einem Abfallhäufchen. Vielleicht hat jemand nach der Karnevalszeit, die in Venedig ein riesiges poetisches Ereignis ist, die schönen Flügel nicht mehr gebraucht und hat sie schnell entsorgt. Die Geschichte dahinter werde ich nie erfahren.

Ich empfand diese Schwingen wie einen Engels-Gruß, denn sie fielen mir genau einen Tag vor der Silberhochzeits-

feier in der Serenissima zu. Während ich das unerwartete Geschenk beschwingt durch die Straßen trug, sah ich eine schöne, alte, mit Patina überzogene Eingangstür und hängte die Flügel spielerisch an den Türknauf. Jener Moment der glücklichen Fügung bildete den Start zu unserer Fotoserie «Ali dei Venezia» («Flügel Venedigs»). Wir suchten von da an während jeder neuen Urlaubszeit nach passenden Plätzen, an denen wir die Schwingen als Bildmittelpunkt in Szene setzen konnten: alte Türen, Eisenfenster, Brücken, Kanäle, der Rücken eines Katers. Manchmal auch zur Freude der Passanten. Wir bekamen immer mal ein Lächeln geschenkt, hörten manche Einheimische fragen, was das wohl sei, und einmal rief uns eine betagte Dame freudig zu: «Un angelo – ein Engel!»

Ein wenig Vorsicht war zwar geboten bei den vielen feuchten Glasstufen. Ein Zeitungsartikel der «La Nuova» berichtete zum Beispiel über die «Ponte dei Caduti», die «Brücke der Fallenden», und über einige Gestürzte und Verletzte. Dennoch flog ich innerlich und äußerlich über diese Stufen, mitten in einer außergewöhnlich funkelnden Lebensphase.

Die Flügel in meiner Hand waren in jener Stunde auf der Brücke tatsächlich irgendwie überirdisch. Ich trug sie wie ein wiederspiegelndes Symbol meines strahlenden Lebensgefühls. Ich fühlte mich absolut schwerelos, beflügelt, unverwundbar! Als ich die Brückenmitte erreicht hatte, blieb ich stehen, das wunderbare Nachtvenedig umarmte mich rundum. Ich sah und hörte die vielen vorübergehenden Passanten um mich herum nicht mehr. Es war, als wäre ich ganz allein mit dem von Sternen übersäten Himmel und meiner überfließenden Freude am Augenblick, am Sein. Ich dachte an nichts Vergangenes mehr, an nichts Zukünftiges, ich ersehnte nichts. In meinem innersten Ort lauschte ich einer zutiefst beglückenden Stille. Berührt von himmlischer Gnade fühlte ich nur, dass ich bin und dass mein Herz, wie in keinem Augenblick zuvor, mit allen Daseinsfacetten so eins, so versöhnt, so glücklich war.

Über manche Brücken meines Lebens bin ich dagegen sehr bleiern gegangen, bin gestolpert und hingefallen und sehr mutlos geworden. Eine wichtige Brücke schien unendlich lang zu sein, die andere Seite wirkte irgendwie unerreichbar. Aber gerade als ich meinte, dass ich die Verzweiflung nicht mehr aushalten könnte, erschien das rettende Ufer doch noch! Gemäß meinem Empfinden ziemlich verspätet … Und ich erkannte: Gott ließ in seiner Allmacht Wunder regnen auf manch verdorrtes Land in meinem Leben. Das untragbar schwere Gepäck wurde mir abgenommen und entschwand. Ich fühlte mich vogelleicht, mutig und auch wieder neugierig genug, ganz Unbekanntem neu zu begegnen. «Das Leben wird mich nicht mehr verletzen!», dachte ich in jener glanzvollen Nacht. Ich stand auf einem Daseinsgipfel und war bereit zum Abheben – denn ich hatte Flügel!

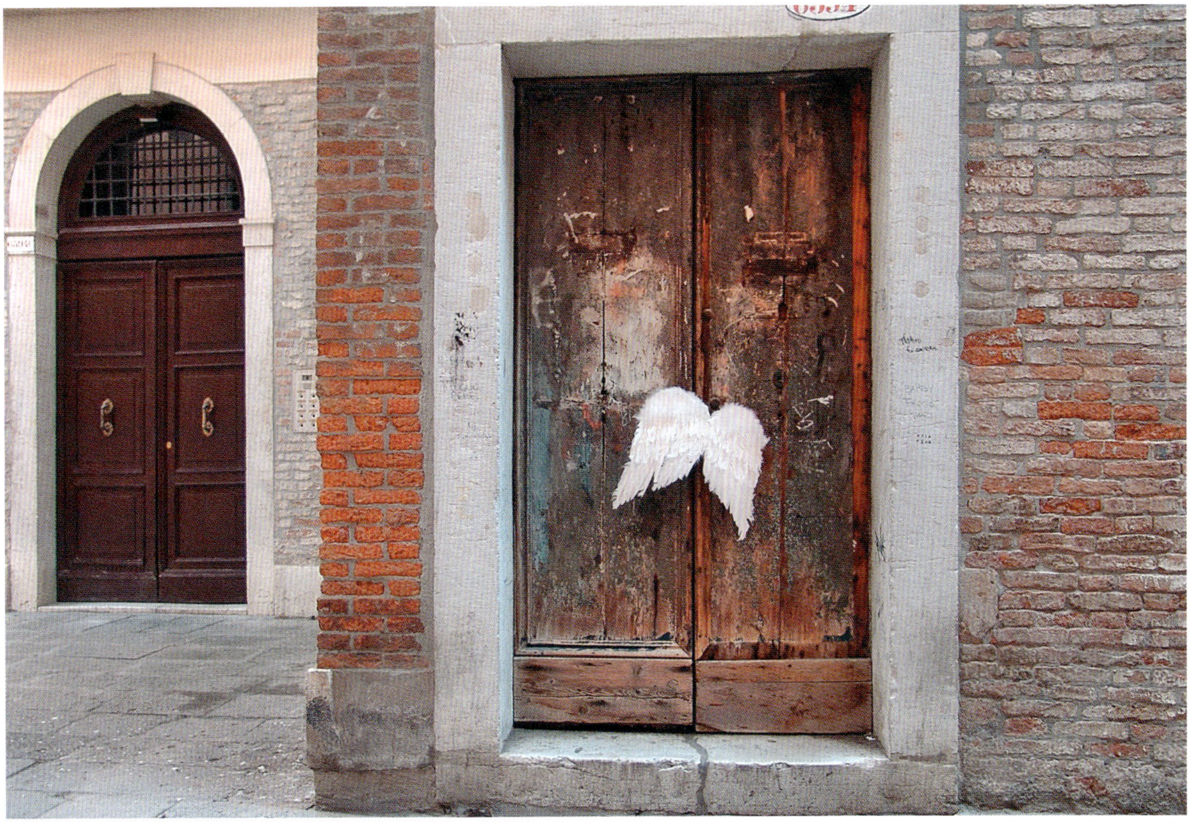

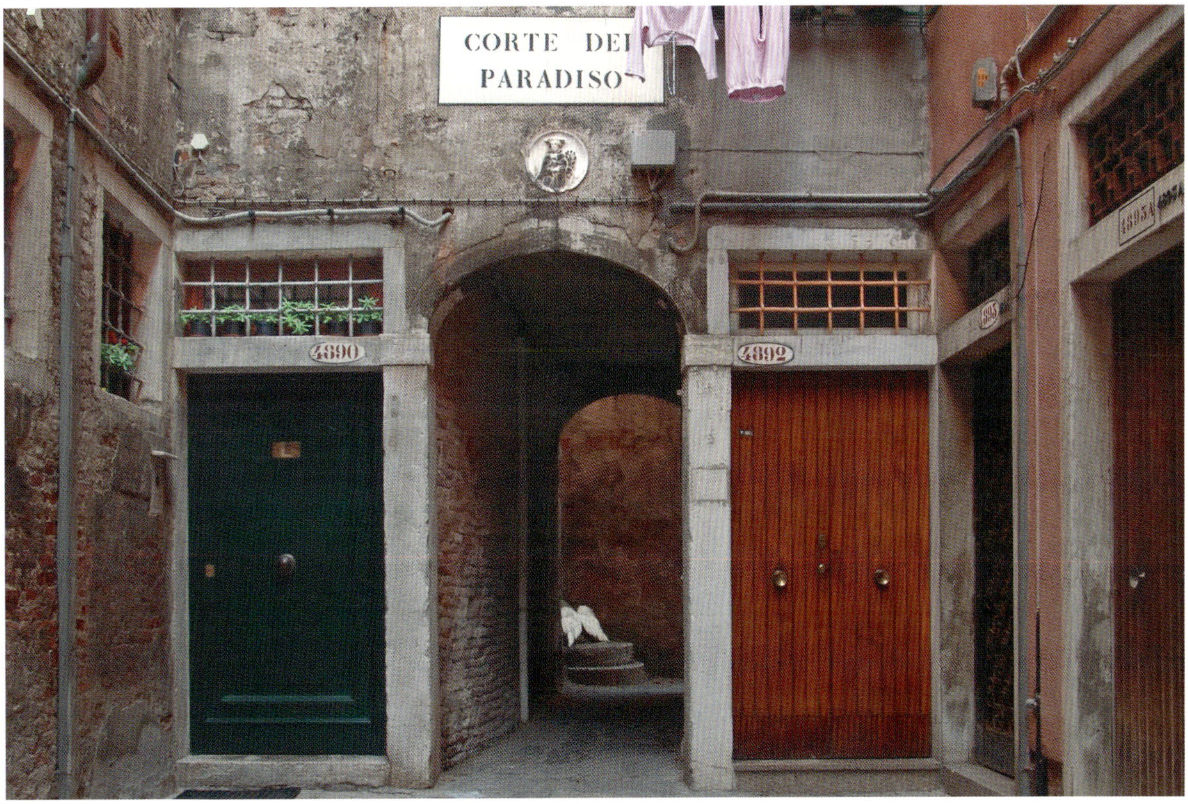
CORTE DEL
PARADISO
4890
4892

Flügel Venedigs

*Der Atem dieser Stadt,
die Flügel Venedigs,
sie lassen meine Seele fliegen.
Tief in meinem innersten Ort
fühle ich nur Ruhe, Frieden,
absolute Schmerzlosigkeit.
Alles hat seine Zeit.
Alles hat seinen Sinn.
Verlorenes kehrt nicht
wieder zurück.
Ich trage es mit
und sehe trotzdem
das Unerwartete, Große, Schöne.*

Abschiedsstunde

*Die Zeit hat Flügel
in der Abschiedsstunde
verschenkt sie
ihre Schwingen
an die Reisenden*

Juwelen des Himmels

*Um uns die Welt
noch dunkel
An der Schmerzgrenze
entschwinden lange Schatten
Im Kerzenschein funkeln
mutgetränkte Worte
Juwelen des Himmels ...
Vertraue mir ...*

Gedankenspaziergang:
Padres & Lebenspläne

Padre Angelo
und ein stürmischer Herbsttag

Schon bald nachdem ich eingeschult worden war, stellte ich fest, dass das Leben nicht ganz planbar ist. In meinem Elternhaus, im nahen Umfeld und in der Schule häuften sich die Lebensüberraschungen, die einige Pläne zunichtemachten und oft schmerzlich waren. Jetzt, ein paar Jahrzehnte später, habe ich den Eindruck, dass die Unplanbarkeit des Lebens noch viel ausgeprägter geworden ist.

Manchmal artete das unerwartet Geschehene ins Chaos aus. Aber gerade da erlebte ich immer wieder ein wundersames Eingreifen von außen, das direkt vom himmlischen Vater gesteuert wurde, da bin ich ganz sicher. Kinder haben Erwachsenen ja etwas voraus: Sie leben in der Heiterkeit des Augenblicks und planen ihr Leben noch nicht. Dieses unbeschwerte Drauflosleben vermisse ich seit dem Abschied von der Kindheit oft.

Rückblickend stelle ich fest, dass einige meiner mir wichtigen Pläne verwirklicht werden durften. Einzelne sind anders realisiert worden, als ich es mir gewünscht hatte. Und manche Pläne sind vom Leben ganz zertreten und vernichtet worden. Lebendig zu sein beinhaltet, nahezu täglich irgendwo überrascht zu werden, auf eine schöne oder auch schmerzliche Weise.

Im Jahr 2009 flogen wir Ende November spätabends nach Venedig. Nach der Landung erwartete uns eine herbstlich-melancholische, menschenleere und irgendwie befremdlich wirkende Stadt. Es war kalt, windig und regnerisch, und dieses von einer Südländerin wie mir gefürchtete Wetter blieb so während der ganzen Woche unseres Urlaubs. Zum zweiten Mal schon besuchten wir Venedig nun im späten Herbst, um eine nebelverschleierte, auf ganz andere Art interessante «Stadt unseres Her-

zens» zu erleben. Und um erneut den Ausstellungsraum Sala San Tomaso auf dem Campo Santi Giovanni e Paolo für meine im Jahr 2011 geplante Ausstellung «Fragil und vergänglich» zu buchen. Fünf Tage lang hatten wir versucht, den für die Ausstellung verantwortlichen Padre Angelo telefonisch zu erreichen. Leider ging nie jemand ans Telefon, was uns entsprechend verwirrte. Eine E-Mail zu schreiben kam nicht in Betracht, weil diese Kommunikationsform von Padre Angelo nicht genutzt wird.

In Angelegenheiten wie der unsrigen sind persönliche Abmachungen zwingend erforderlich. Als auch am vorletzten Tag unseres Venedig-Besuchs keine telefonische Verbindung mit Padre Angelo zustande kam, empfahl unsere B&B-Gastgeberin Sandra uns, persönlich an der Tür des Konvent-Büros zu klingeln, auch wenn wir bis dahin noch keinen Termin für ein Treffen vereinbaren konnten. Irgendjemand würde uns bestimmt zu Padre Angelo führen, meinte sie zuversichtlich.

So standen wir an jenem Vormittag hoffnungsvoll vor der Tür des Kirchenbüros und klingelten. Zu unserem Erstaunen öffnete aber niemand. Wir drehten eine Runde auf dem Campo und klingelten ungefähr eine Stunde später erneut. Seltsamerweise öffnete uns wieder niemand. Als wir bereits umkehren wollten, bewegte sich plötzlich ein Türflügel. Vor uns stand ein sichtlich genervter anderer Padre in Zivilkleidung und war beim Vorbringen unseres Anliegens nicht gerade die Geduld in Person. Padre Angelo sei momentan nicht erreichbar und wir sollten am Nachmittag wieder kommen, teilte er uns knapp mit.

Über Mittag stürmte es plötzlich sehr. Mein angeblich windsicherer Schirm brach entzwei, und an vielen Stellen des Campo lagen nach kurzer Zeit zahlreiche abgebrochene Regenschirme in allen Farben und Größen. Das Ganze wirkte fast wie eine zufällig entstandene Installation und passte irgendwie zur Kunststadt Venedig. Wir flohen vor dem ungemütlichen Wind in das gegenüberliegende Café und tranken genussvoll einen Latte Macchiato und einen Tee, jeder in seine Lieblingslektüre vertieft.

Am frühen Nachmittag klingelten wir, nun unbesorgter, erneut an der Bürotür. Stille. Einige Minuten später noch mal. Es waren keine Schritte zu hören. In diesem Moment begann ich, meine Ausstellungsabsicht zu hinterfragen: Vielleicht wollte Gott das Projekt hier gar nicht, sondern nur ich ganz alleine, und nun würde mein Traum doch nicht in die Tat umgesetzt werden können … Meine Gedanken überschlugen sich. Ich setzte mich auf eine Bank in der Nähe und versuchte meine durcheinander geratenen Empfindungen zu ordnen. Ich betete um irgendeine Hilfe. Es konnte doch nicht sein, dass ich unverrichteter Dinge, ohne den Ausstellungsraum gebucht zu haben, nach Hause zurückkehren müsste!

In diesem Moment tauchte ein zauberhaftes vierbeiniges Wesen aus einer kleinen Seitengasse auf und lief zu unserer Sitzbank. Georg zog seine Kamera aus der Tasche, aber noch bevor er sich in Position bringen konnte, machte die Katze kehrt und lief davon. Georg bat mich, auf seine Sachen aufzupassen, und folgte ihr um das Konvent-Gebäude herum. Es vergingen etwa zehn Minuten, bis er aufgeregt und freudestrahlend wieder auftauchte. Er holte mich abrupt aus meinen inneren Betrachtungen, als er etwas außer Atem vor mir stand. «Ich habe Padre Angelo gefunden», sagte er. «Es ist alles super. Ich habe auch schon gebucht. Komm schnell, um hallo zu sagen, er hat nur wenig Zeit!»

Freudig sprang ich auf, und wir gingen schnellen Schrittes um das Gebäude herum. «Wie hast du ihn gefunden?», fragte ich mit klopfendem Herzen. Und Georg erzählte: «Die Katze hat mich zu ihm geführt; die Tigerkatze, die vorhin hier war. Ich bin ihr bis zum Gartenzaun auf der Rückseite gefolgt, und auf einmal habe ich Padre Angelo im Garten auf einer Leiter gesehen. Er nutzte die Regenpause und installierte gerade eine Lichterkette. Er war sehr herzlich und freundlich. Es sei doch alles kein Problem, hat er in lockerem italienischem Stil gesagt, hat dann schnell seinen Buchungskalender aus dem Büro geholt und in Windeseile unseren Wunschtermin für 2011 notiert. Nicht ohne schmunzelnd zu bemerken, wie früh die Deutschen doch buchen würden, so ganz anders als die Italiener.»

Erleichtert und glücklich verabschiedeten wir uns nach einem kurzen und schönen Dialog von Padre Angelo,

der seinem Namen wieder einmal gerecht wurde. An diesem denkwürdigem Tag auf der Achterbahn meiner Gefühle dankte ich Gott aus vollem Herzen für die rechtzeitige Hilfe. Wie präzise und väterlich fürsorglich er handelt, hatte Gott mir in zahlreichen Lebenssituationen schon bewiesen. Dieses Erlebnis aber war für mich eine völlig neue Signatur seiner Liebessprache. Er schickte uns mein Lieblingstier als Gehilfin über den Weg. Mein Lieblingstier, das war von frühester Kindheit an die getigerte Katze!

In manchen schwierigen Lebensphasen, mitten im Scheitern einzelner Träume und Pläne, kam mir einiges ziemlich unverständlich vor, was Gott mir in seiner Liebessprache mitteilen wollte. Einige Fragmente dieser geheimen Sprache sind mir bis heute ein großes Rätsel geblieben. Aber in Gottes weiser Vorsehung für mein Leben passen alle Puzzleteile meines Daseins perfekt zueinander – auch dann, wenn ich einige Teile selbst noch nicht zusammenfügen kann. Der allmächtige Gott sieht mit seinem Röntgenblick unser ganzes Leben von der Geburt bis zum Tod; wir dagegen überblicken allzu oft nur den flüchtigen Moment der Gegenwart.

Jetzt, während ich meine Erinnerungen an diesen unvergesslichen stürmischen Herbsttag in Venedig und Gottes zum Schmunzeln verleitenden Liebesbeweis betrachte, klingt bei mir plötzlich ein längst in den Hintergrund geratenes Lied aus meiner Jugendzeit an: «Herr, deine Liebe ist wie Gras und Ufer, wie Wind und Weite und wie ein Zuhaus ...» Von Gottes zärtlicher Liebessprache und unendlicher Fantasie überwältigt, möchte ich lächelnd hinzufügen: «... und wie eine himmlische Katze in Venedig!»

Zurück am Canal Grande:
Liebe & Geborgenheit

Die Rose

Nach fünf Jahren, in denen wir Venedig nicht besuchen konnten und schmerzlich vermissten, landeten wir 2001 schwebend in seinem Schoß. Wir wurden umarmt vom schönsten Frühling im April. In den verträumten Gärten am Canal Grande blühten die Glyzinien, verschwenderisch üppig und schön, tief gebeugt über den zerfallenden Gartenmauern. Der betörende Duft umwehte uns bis zum Vaporetto. Das türkisfarbene Wasser glitzerte sonnentrunken, meine Seele jubelte: Venedig feierte mit uns ein rauschendes Lebensfest.

Am nächsten Morgen schlenderten wir, ohne ein festes Ziel, durch ein von uns noch unentdecktes Stadtviertel. Bücher ziehen mich unwiderstehlich an, und so stand ich versunken vor einem sinnlich gestalteten Libreria-Schaufenster und blickte auf die wunderschönen Bücher und Bildbände. Georg teilte mir – meine innere Abwesenheit nutzend – mit, er käme gleich wieder, und entschwand.

Die Zeit verstrich, ich wunderte mich allmählich. Plötzlich schwebte ein anziehender, lächelnder Mann auf mich zu, mit dem Blick eines Erstverliebten. Im Arm eine karmin-

rote, langstielige, riesige Rose (mit der größten Blüte, die ich jemals gesehen hatte). Er reichte sie mir mit honiggetränkter Stimme: «Für meine schönste Rose, zum zwanzigsten Hochzeitstag». Dann küsste er mich.

Da standen wir, wie zwei Frischverliebte, im vollendeten Augenblicksglück, mitten in unserem Freiluft-Palazzo, mit einundzwanzig Jahren Liebe im Gepäck – und ebenso langer Zeit der Gnade: reich an geliebten Tagen, mit den Füßen im Himmel.

Nichts wäre

*Gäb es dich nicht
o Liebesgott
wir wären nicht*

nichts wäre ...

*Rose Ausländer
(Auszug aus dem Gedicht
«Erbarme Dich»)*

Wolkenstill

*Wolkenstill
das Karussell
der Zeit*

*Regenbogenkinder
Traumbeschenkte
Glückempfangende*

*einen Flügelschlag
weiter
zur Heimat
zum ewigen Licht*

Zurück am Canal Grande:
Innere Heimat

Ein Baum
warst du mir
mit dichter Krone
und tiefen Wurzeln
voll Sonnenfäden im Haar

Ein Wort
von Lebensbedeutung
das mich wärmte
und schützte
und mir Trost gab
um meine Zerbrechlichkeit
wissend

Eine Umarmung bist du mir
in der ich alles fand
Vater ... Mutter ...
Atem ... Hoffnung ...

Unendlichkeit

Im Bewusstsein
der Vergänglichkeit
des Augenblicks
des Lebens
der Blick auf die Unendlichkeit
mit DIR
ein Erbe
das mich ruhen lässt

Venedig

*Tonlose Musik
im innersten Raum
wahrgewordene Sehnsucht
nach geordneten
Gedanken
Gefühlen
lichtvollen Zeitenbildern*

*Versöhnliche Stille
goldfedriger Leichtigkeit
wunschlos
in herbstgoldenen Minuten verweilen
ein Atom des Unendlichen sein
des EWIGEN Widerhall*

Epilog eines Venedig-Verliebten:
Wenn Himmel und Erde sich die Hand geben

Es gibt sie, diese «metaphysischen Momente», wo sich die sichtbare Erde und der unsichtbare Himmel, sozusagen das «Grobstoffliche» und das «Feinstoffliche», die Hand geben und auf ganz spezielle Weise vor unseren Augen zusammenkommen. Und wir stehen dann mittendrin und spüren, dass sich soeben etwas ganz, ganz Großes ereignet.

Die Frage aber ist: Können wir diese Momente selbst herbeiführen? Ja, das können wir – jedenfalls bis zu einem gewissen Grad. Wir können uns zumindest bis zur «Startrampe» hin bewegen und uns bewusst öffnen für das, was kommen wird.

Zweite Frage: Wo genau können wir das tun? Oh, da gibt es natürlich ganz verschiedene Möglichkeiten. Im Grunde kann man das ja überall und unter verschiedensten Bedingungen erleben und erfahren, etwa auf der schottischen Insel Skye oder mitten in Connemara, Irland – oder in einer Klosterkapelle; immer vorausgesetzt, man ist überhaupt bereit und empfänglich dafür, dass die allerfeinsten Saiten unserer Seele in Schwingung versetzt werden könnten! Aber es gibt natürlich auch Orte, wo die Grundbasis dafür schon gelegt ist und wir nur noch einsteigen müssen ins Geschehen. Etwa in – Venedig! Und so könnte es gehen:

Du möchtest ein Stück Himmel erleben, hier und jetzt. Möchtest dich hier im Vorletzten intensiv mit den so genannten «letzten Dingen» auseinandersetzen. Und da bietet Venedig sich einfach an. Denn das Vorletzte ist hier überall spürbar, sichtbar, fassbar. Die letzten Dinge sind omnipräsent, auf jedem Quadratmeter: die Schönheit der Existenz, das pulsierende Leben, das Trotzen gegen die Zeit und gegen das Altern, die Vergänglichkeit, das Loslassenkönnen, das Wegbröckeln der Substanz, das angekündigte Sterben, der gewisse Tod. Ebenso sind auch die Fragen nach dem Aller-

letzten, nach der Gnade des Himmels und der ewigen Heimat, immer da. Und mittendrin bist immer du, der du diese Umarmung des Himmels sehnsüchtig suchst und brauchst und in dich aufsaugen willst. Und folglich dockst du an ...

Ich empfehle es jedem, der genau dieses sucht: Warte, bis es 20:30 oder 21:00 Uhr ist. Vielleicht sogar 21.30 Uhr. Um diese Zeit hat der letzte Tagestourist Venedig verlassen, hat auf dem Piazzale Roma seinen auf ihn wartenden Reisebus bestiegen und ist mit seiner Reisegruppe in sein Hotel am Lido oder ins Veneto zurückgefahren. Jetzt gehört Venedig für ein paar Stunden wieder seinen letzten paar zehntausend Einwohnern und all jenen Leuten, die in einem venezianischen Hotel übernachten. Und es gehört auch denen, die sich – besser noch – als die ultimativen Liebhaber der Serenissima verstehen und immer wieder unermüdlich und herzensoffen nach ihren verborgenen Schätzen suchen.

Inzwischen wird es dunkler, die Stadt wirkt einsamer, verlassener, ruhiger. Viel, viel ruhiger als während des Tages. Alles Hochtourige und Aufgedrehte wird nun runtergefahren, alles ist nochmals entschleunigt und gleichzeitig aufs Maximum reduziert. Man sieht keine Touristen mehr, die mit Polyglott-Reiseführern in der Hand die Piazza San Marco, die Rialto-Brücke oder den Palazzo Duccale suchen oder sich auf den ausgeleierten Trampelpfaden rund ums Zentrum durch die engen Gassen quälen. Und die – wie schade – doch nie mehr sehen können als die wenig authentische Oberfläche und den lauten, teilweise sogar frechen Bühnenauftritt einer eigentlich scheuen, zurückhaltenden Stadt. Jetzt aber, hier in der Nacht, wirkt alles luftig und geräumig, Venedig ist jetzt ganz da für uns. Für uns persönlich. Und da ist noch etwas anderes ...

Es finden sich nämlich an manchen Ecken und Kanälen einige Gondoliere, die im ersten Teil der Nacht noch immer arbeiten und uns zu einer Fahrt einladen. «Gondola?!», rufen sie, verstohlener und defensiver als am Tag, wo sie keck und forsch auftrumpfen. Ich gebe es zu, so eine Fahrt ist teuer. 120 Euro für sechzig Minuten, in dieser Preisklasse muss man das sehen, und Verhandeln ist leider ganz zwecklos. Der Preis ist gesetzt. Zwei Euro pro Minute. Aber ich meine: Wohl nur selten hat man sein Geld so gut und sinnvoll ausgegeben! (Und immerhin, wenn man zu sechst fährt, verliert der Preis seinen Schrecken.)

Klar, tagsüber ist das Besteigen einer venezianischen Gondel kein besonderes Highlight: Du sitzt auf deinem Holzstuhl in der Gondola, und hinter dir, vor dir und neben dir hocken andere Besucher dieser fantastischen Stadt in ähnlichen Gefährten und erwarten mit gezückter Kamera und

ausgelassener Stimmung, dass sich ihnen nun gleich ganze Welten auftun werden. Im Zeitlupentempo fährst du als Tagestourist durch die kleinen Kanäle, kommst kaum vorwärts, alles wirkt eng und lustlos. Deutsche, Engländer, Amerikaner, Japaner, sie alle wälzen sich durch die Wasserkanäle dieser Stadt, und es erinnert den Betrachter von außen gesehen mehr an Disneyland als an eine fürs ganze Leben unvergessliche Fahrt hinein in die eigene Sehnsucht.

Dazu haben einzelne Touristen sogar für teures Geld Musikanten gebucht, die nun auf der Gondel mit mehr oder weniger Inbrunst alte venezianische Lieder zum Besten geben und auf dem Akkordeon irgendwelche Weisen spielen. Mit Verlaub, das ist Folklore. Und ihr Output ist nahezu unbrauchbar; sie wird deine Seele höchstwahrscheinlich nicht mit Inhalten füllen können. Was vorher so viel verspricht, erweist sich jetzt oft als ziemlich hohl. (Ich kenne Leute, die haben die Musikanten nach ein paar Minuten geradezu um Gnade und um Abbruch des gesanglichen Vortrages gebeten!)

Aber jetzt, des Nachts, ist definitiv alles anders.

Du besprichst dich mit dem Gondoliere. Er heißt Alessandro. Du sagst ihm: «Okay, Alessandro, sechzig Minuten. Aber bitte: Sie müssen uns nichts erzählen. Sagen Sie uns während der gesamten Fahrt bitte nicht, was wir jetzt links und rechts von der Gondel gerade sehen. Nennen Sie die Palazzi nicht beim Namen. Erzählen Sie uns nichts über deren Geschichte. Erwähnen Sie uns gegenüber deren alte und deren neue Besitzer und ihren Adelsstand nicht. Wir wollen nicht wissen, wer wann und wo bankrott gegangen ist, wer sich ins Ausland abgesetzt hat und welcher Palazzo inzwischen von einer chinesischen Familie aufgekauft worden ist. Wir wollen auch nicht wissen, in welchem Jahr Casanova über die Seufzerbrücke gelaufen ist. Wir wollen nicht erfahren, welcher Schauspieler unserer modernen Zeit letzthin im Caffe Florian auf San Marco eingekehrt ist. Die Brad Pitts und Scarlett Johanssons interessieren uns heute für einmal kein bisschen. Hemingway und seine Drinks in der berühmten Harry's Bar? Nein, auch nicht. Lassen Sie es uns gleich festhalten, Alessandro, hier und jetzt: Sie schweigen. Und wir, Ihre Gäste, werden ebenfalls schweigen. Wir machen jetzt einfach eine ganz ruhige Fahrt. Ohne einen Ton, ohne ein Wort. Sie werden bitte auch nicht singen, Alessandro. Hören Sie? Nicht singen! Kein ‹O sole mio› und nichts dergleichen. Einfach nur Ruhe. Geht das in Ordnung?»

«Nur Ruhe?», fragt Alessandro. «Nur Ruhe? Ah, wunderbar! Ich habe den ganzen Tag schon so viel geredet und erzählt, habe die Leute unterhalten, habe gesungen und geflunkert und gelacht und die Leute auf ihren Wunsch hin fotografiert. Ich mag eh nicht mehr reden. Ich bin's satt. Danke, dass ich den Mund halten darf. Das ist mir selber auch am allerliebsten!»

Und so legen wir los. Wir lassen unsere Kameras in der Tasche. Wir schalten unsere Mobile Phones aus. Stille ist jetzt angesagt. Wir vereinbaren untereinander, dass wir während der sechzig Minuten nicht miteinander reden werden. Wir werden ganz ruhig sein, werden genießen, werden sämtliche Sinne aktivieren, werden offen sein für alles, was uns die sichtbare Welt bieten wird – und auch für alles, was die unsichtbare Welt in den kommenden sechzig Minuten mit uns vorhaben wird.

Wir machen es uns auf der Gondola bequem. «Bitte nur in die ruhigen Seitenkanäle, Alessandro», bitten wir. «Den Canal Grande können wir diesmal gerne auslassen.»

«Certo», sagt Alessandro, «sehr gerne, ganz in meinem Sinne!» Und so beginnt er seine Fahrt. Und wir staunen: Während er ganz behutsam loslegt, stellen wir fest, dass wir um diese Zeit sozusagen ganz allein sind auf den Kanälen. Disneyworld mit den langen Gondel-Kolonnen und sogar mit einem veritablen Gondola-Stau – das war untertags. Jetzt aber kann man auf dem Kanal nicht mehr von Verkehr reden. Das Wasser gehört uns, die Stadt liegt uns zu Füßen.

Jetzt will sie sich uns ganz verschenken. Sie hat in uns und in einigen anderen Geladenen ein paar Liebhaber gefunden, die sich ganz und gar auf sie und ihre Schönheit einlassen wollen. Auf ihre Tiefe. Auf ihre Geheimnisse. Auf ihren so ganz eigenen Lebensklang. Und auf die Dinge, die sie hinter ihrem Vorhang verbirgt. Und ich behaupte: Auf nichts reagiert sie lieber als auf das! Wer sich ihr so nähert, kriegt von dieser Stadt das ganze Vertrauen zurückgeschenkt.

Unsere Sinne sind nun ganz auf Empfang gestellt. Wir hören jetzt nur noch eines: Ganz sanft – und weicher als weich – taucht das Ruder des Gondoliere ins Wasser ein, in regelmäßigem Rhythmus, ohne Hast, ohne Stress, ohne Kraftaufwand. Das Eintauchen ist derart leise, dass man es auch glatt überhören könnte. Ein zurückhaltendes kurzes Plätschern, ein paar Tropfen fallen unaufgeregt zurück ins Wasser – das ist es jeweils auch schon.

Aber jetzt kommen neue Klänge hinzu. Aus den offenen Fenstern in den zweiten, dritten, vierten Stockwerken der Palazzi ertönen Menschenstimmen (aus den untersten feuchten Stockwerken dagegen kommt fast kein Ton; die meisten Bewohner haben sich hier wegen der nassen

Wände in die oberen Bereiche zurückgezogen). Wir hören fröhliche, diskutierende, flüsternde und auch überbordende Stimmen, fragende Laute, das Geklirr von Gabeln und Messern, hier mal ein Lachen, dort ein Gesumme. Sprachfetzen von Menschen und kurze Radio-Sequenzen tauchen kurz auf, dringen an unser Ohr, schwellen wieder ab. Berührende Momente, denn jetzt in der Nacht sind einzelne Kanäle nur ganz spärlich beleuchtet. Vielleicht alle siebzig, achtzig Meter leuchtet noch eine kleine Laterne, mehr ist da nicht ...

Und langsam spürt man: Jetzt wird die Seele zunehmend offener für das ganz Sensible, für die optischen und akustischen Untertöne, für die Feinheiten auch der unsichtbaren, nicht sofort greifbaren Welt. Der Gondoliere bleibt stumm, er unterlässt es auch, an jeder Biegung sein legendäres «Oii!» zu rufen, das zu seinem Berufsstand gehört, um andere Gondoliere, die ihn und sein Gefährt noch nicht bemerkt haben können, auf sich aufmerksam zu machen und sich freie Bahn zu verschaffen.

Ein beinahe unglaublicher, unfassbarer Friede macht sich breit auf unserer Gondola und auf all den Kanälen. Wir lassen uns treiben. Wir sind im Fluss. Wir lassen die Schönheit und Ästhetik vieler Jahrhunderte an uns vorüberziehen und fahren mitten hindurch durch das Beste und Schönste, was Menschenhände und menschlicher Geist jemals geschaffen haben. Und während wir genießen und schwelgen, erklingen neben uns die zehn tiefen, gesetzten Glockenschläge einer ganz nahen Kirche. Dang – (Pause) – dadang – (Pause) – dadang – (Pause) ... Was wollen sie uns zurufen, was wollen sie uns sagen, hier,

nachts um zehn? «Horcht auf? Kehrt um? Denkt tiefer nach? Vergesst nicht? Bleibt nicht tumb? Bleibt nicht kalt? Bleibt nicht sinnenleer?» Oder gleich alles zusammen?

Jetzt kommt fast unmerklich noch eine neue Dimension dazu – das so ganz Andere, das Jenseitige, das uns stets Nahe (und manchmal doch so Ferne). Plötzlich kommt der Himmel ins Spiel. Und mit ihm kommen unsere großen Fragen unvermittelt und nicht ausweichbar ins Bewusstsein: «Wer bin ich? Woher komme ich? Wohin gehe ich? Wie nennt man überhaupt das Ziel? Und wenn ich dort ankomme: Wer wird mich dort empfangen und willkommen heißen? Und falls dort wirklich einer ist: Wird er mich so annehmen können, wie ich bin? Werde ich in diese andere Welt überhaupt hineinpassen? Wer wird mir dort vergeben können, wer wird mich entlasten wollen, wenn ich vielleicht mit schwerer Bürde auf der Seele ankommen sollte? Wer baut an jenen neuen Orten eine Wohnung für mich? Und wer wird dort der Gastgeber sein? Und für wie lange? Vielleicht sogar – für ewig?»

Die innere Zwiesprache wird intensiver, konkreter, die Dinge verdichten sich, eines kommt zum anderen, nimmt Form an, kriegt Konturen wie vielleicht niemals zuvor. Die Sehnsucht in uns wird stärker, fassbarer, nachhaltiger, sie gewinnt Gestalt und wird zum wesentlichsten Gefühl des Augenblicks. Sie will jetzt aber auch zwingend ein Gegenüber finden, einen Widerhall, will keinesfalls mehr allein bleiben.

Und während wir versinken in dieser zwar real sichtbaren, aber eben doch der Vergänglichkeit dahingegebenen Pracht um uns herum, fährt uns der Gondoliere um die nächste Kanalbiegung – und unverhofft und total überraschend nähern wir uns einem golden beleuchteten Palazzo, der sich majestätisch

vor uns auftürmt wie ein Materie gewordener Fingerzeig auf eine «jenseitige Heimat». Dieser venezianische Palazzo in seinem goldenen Glanz ist ein Vorbote jener berühmten «goldenen Stadt», die uns versprochen ist. Ein Vorbote, der direkt zu uns spricht. Die Seele blickt auf und kann ihr Glück kaum fassen: «So könnte dieses Heimkommen also einstmals aussehen! So könnte es sein, wenn wir dereinst an den Ort kommen, für den wir gebaut sind und für den wir schon immer gedacht waren! So also könnte es sich anfühlen!» Und eine weitere Sehnsucht steigt in uns auf, nämlich ...

... endlich wieder mal Zwiesprache zu halten mit diesem Gastgeber, der sich aus der nicht sichtbaren Welt ins Sichtbare hineintastet, hineindrängt und uns einlädt zu sich selbst. Ein riesiges Bedürfnis macht sich in uns breit: Wir möchten mit ihm reden, möchten ihm danke sagen für all die Liebe, mit der er uns hier umhüllt und die sich uns gewaltig offenbart, gerade auch hier, inmitten dieser grandiosen venezianischen Kulisse, die auf viel mehr weist als nur auf sich selbst. Und wir spüren deutlich: Wenn die Antwort auf die Fragen unserer Seele nicht *Liebe* ist – sie wäre nichts wert.

Wir möchten aufjubeln vor Freude und Glück, dass diese ständige Sehnsucht in unserer Seele nicht im Irrflug verweilen muss, sondern tatsächlich eine reale Entsprechung finden darf im wahren Leben – im Leben hier, aber wohl noch viel mehr im Leben dort drüben – und dass diese so personale Liebe ganz offenkundig Gemeinschaft feiern will mit uns. Und in unseren Herzen und auf unseren Lippen formt sich ein Gebet, machtvoll, kraftvoll und doch sensibel und fragil bin ins Letzte. Es preist diesen unsichtbaren, aber ganz eindeutig anwesenden Liebesschöpfer mit einer Glut, die auch für uns selber neu ist. Und so gestaltet sich ein mächtiger Moment, den wir später wohl nie wieder vergessen werden. In einem Augenblick, der stiller nicht sein könnte – und der dennoch an Kraft und freudvoller Explosivität vieles übersteigt, was wir bis dahin schon kennen gelernt haben. Hier, in der schönsten Open-Air-Kapelle der Welt!

Als der Gondoliere uns später aussteigen lässt, zittern unsere Knie, bebt unsere Seele. Der Himmel hat die Erde berührt – und wir waren mittendrin im Geschehen, wir spürten die Berührung sogar in uns selbst. Und in den Wochen darauf geht uns der Mund über, wir müssen es erzählen, jedem und jeder. «Venedig?», antwortet dann eine Bekannte, «ach herje, ich habe Venedig nicht so toll erlebt. Ich fand es langweilig, nichtssagend. Die vielen Leute und die unruhigen Tauben auf dem Markusplatz haben mich genervt. Ich fand den Tritt irgendwie nicht. Abends ging ich ganz leer wieder weg ... Ich habe da nichts gespürt, höchstens Einsamkeit. Ich denke, Venedig wird ziemlich überschätzt!» – Na, so kann man es natürlich auch erfahren. Aber da hat man etwas ganz Gewaltiges verpasst. Eine riesige Portion himmlischer Umarmung, würde ich meinen. Oder, um es mit Elizabeta zu sagen: einen Himmelskuss!

Christian Meyer, Herausgeber

A Sandra e Leonardo con gratitudine

Bibliografische Information der Deutschen Nationalbibliothek
Die Deutsche Nationalbibliothek verzeichnet diese Publikation in der Deutschen Nationalbibliografie; detaillierte bibliografische Daten sind im Internet über www.dnb.de abrufbar.

Bildnachweis: Alle Fotos sind von **Georg Karlstetter**, außer den hier folgenden:

Shutterstock.com: Christian Mueller (S. 50/51; S. 112), Luciano Mortula (S. 52; S. 167), Melis (S. 54, oben), Topora (S. 56), Christian Müller (s. 58/59), Nejron Photo (S. 66), Martijn Smeets (S. 67, unten), Alessandro Colle (S. 70/71), Max Topchii (S. 72/73), Ventdusud (S. 76/77; S. 138/139), Gerardo Borbolla (S. 78; S. 163), Andrey Yurlov (S. 82/83), Photo.ua (S. 86/87), Elen_Studio (S. 89), Paolo Tamdelli (S. 104), Alexander Raths (S. 105), Volkov Vladimir (S. 110/111), Iakov Kalinin (S. 114/115), Vesilvio (S. 116/117), R. Nagy (S. 130/131), EM Arts (S. 140), Samot (S. 142, unten), Sergii Figurnyi (S. 144/145).

Fotolia.com: Khorzhevska (S. 23), Feehofmann (S. 28, oben), Tomas Sereda (S. 41, unten), Nejron Photo (S. 47), chris-m (S. 60, unten), Averroe (S. 73, oben), Sailorr (S. 84; S. 160/161), Joerg Habermeier (S. 118, oben), Samo Trebizan (S. 118, unten).

Alle Texte: Elizabeta Karlstetter / Prolog und Epilog: Christian Meyer

Kunstobjekte: Elizabeta Karlstetter (S. 10 und 11: fotografiert in der Ausstellung «Fragilità e Caducità» in Venedig / S. 46: «Das Leben ist ein Erinnerungsbuch» / S. 53: «Ewigkeit und Vergänglichkeit» / S. 57: «Abschied von der Zeit» / S. 63: «Abschied» / S. 64: «Entschwindender Traum» / S. 69: «Der Tod heilt alle Wunden» / S. 101: «Eine stolze Venezianerin» / S. 107: «Wir alle fallen» / S. 109, oben: «Fragil und vergänglich [Detailaufnahme] / S. 132: «Trost» / S. 147: Wort-Collage)

© 2013 by Brunnen Verlag Basel

Umschlag: Georg Karlstetter und David Grau
Herausgeber, Idee, Projektbegleitung: Christian Meyer
Konzeption: Georg & Elizabeta Karlstetter, Christian Meyer, David Grau und Justin Messmer
Fotos Umschlag und Inhalt (außer den oben aufgeführten Bildnachweisen): Georg Karlstetter
Satz und Grafik: InnoSet AG, Justin Messmer, Basel
Druck: Finidr
Gedruckt in Tschechien

ISBN 978-3-7655-1603-0